CONEXÃO
COM A
PROSPERIDADE

CB046227

BRUNO GIMENES
& PATRÍCIA CÂNDIDO

CONEXÃO
COM A

SAIBA POR QUE VOCÊ AINDA NÃO ENCONTROU A **PROSPERIDADE** E APRENDA JÁ COMO CONSTRUIR O SEU **NOVO CAMINHO**

PROSPERIDADE

Luz da Serra
EDITORA

Produção Editorial:
Tatiana Müller

Capa:
Rafael Brum

Projeto gráfico e diagramação:
Gabriela Guenther
Marcos Seefeld

Revisão:
Aline Naomi
Marcos Seefeld

Dados Internacionais de Catalogação na Publicação (CIP)
(Câmara Brasileira do Livro, SP, Brasil)

Gimenes, Bruno
 Conexão com a prosperidade : saiba por que você ainda não encontrou a prosperidade e aprenda já como construir o seu novo caminho / Bruno Gimenes, Patrícia Cândido. – Nova Petrópolis, RS : Luz da Serra Editora, 2022.
 176 p. ; 16 x 23 cm.

 ISBN 978-65-88484-55-5

 1. Autoajuda. 2. Desenvolvimento pessoal. 3. Energia 4. Prosperidade 5. Riqueza 6. Sucesso I. Cândido, Patrícia. II. Título.

22-117236   CDD-158.1

Índices para catálogo sistemático:
1. Prosperidade : Conquista : Psicologia 158.1

Eliete Marques da Silva - Bibliotecária - CRB-8/9380

Todos os direitos reservados. Nenhuma parte desta obra pode ser reproduzida ou transmitida por qualquer forma e/ou quaisquer meios (eletrônico ou mecânico, incluindo fotocópia e gravação) ou arquivada em qualquer sistema ou banco de dados sem permissão escrita da Editora.

Luz da Serra Editora Ltda.
Avenida Quinze de Novembro, 785
Bairro Centro Nova Petrópolis/RS
CEP 95150-000
loja@luzdaserra.com.br
www.luzdaserra.com.br
www.loja.luzdaserraeditora.com.br
Fones: (54) 3281-4399 / (54) 99113-7657

AGRADECIMENTOS

Agradecemos à energia da vida, que sempre nos presenteou com milagres e surpresas que nos fizeram trilhar um caminho de prosperidade, através do encontro com pessoas incríveis e de condições especiais para que obtivéssemos um caminho de realização.

Agradecemos a todos os amigos, alunos, parceiros e colaboradores da Luz da Serra, que sempre nos apoiam e incentivam quando pensamos em escrever uma nova obra.

SUMÁRIO

9 APRESENTAÇÃO

18 INTRODUÇÃO
Uma mudança profunda

23 PARTE 1
O que é prosperidade

29 PARTE 2
As causas da falta de prosperidade

106 PARTE 3
O caminho para a conexão com a prosperidade

156 FINAL
O perigo da programação inconsciente que leva ao sofrimento e à escassez

APRESENTAÇÃO

Depois de anos mergulhando nesse mundo confuso da busca da prosperidade, descobrimos que existe uma fórmula para você conquistar definitivamente o sucesso material.

E, neste livro, vamos lhe ensinar como mudamos a nossa vida e entramos em um caminho de prosperidade e realização.

Mas antes de entrar no conteúdo deste livro, queremos lhe contar um pouco da nossa história e por que estamos tão seguros em ensinar caminhos para você conquistar a sua prosperidade.

Somos fundadores do Grupo Luz da Serra, uma instituição holística especializada no desenvolvimento da consciência humana. Nós dois e todos os professores da nossa equipe ministramos cursos e palestras sobre diversos temas relacionados à expansão da consciência, terapias naturais, equilíbrio emocional, evolução espiritual, harmonia nos relacionamentos, sucesso e prosperidade, os quais são oferecidos nas modalidades presencial e on-line.

Entre os diversos segmentos da nossa instituição, destacamos a Luz da Serra Editora, cujo catálogo possui mais de 75 livros publicados – 18 deles na lista dos mais vendidos da Revista Veja e do Portal PublishNews. A Luz da Serra Editora já impactou milhares de leitores, e a sua atuação se expande a cada dia por meio do canal Luz da Serra no YouTube, que hoje possui mais de dois milhões de inscritos.

Podemos lhe dizer que estamos vivendo um momento brilhante de expansão dos negócios e de colheita de tudo que foi plantado no passado, mas também podemos garantir que nem sempre foi assim.

Quando começamos, fizemos muitas coisas erradas. Infelizmente tínhamos uma forma de pensar, sentir e agir que fazia com que repelíssemos a prosperidade. Lamentavelmente, vemos somente hoje como aquele conjunto de comportamentos era nocivo, mas demoramos para aprender com os erros,o que nos custou muitas privações e sofrimentos.

Muitas vezes nos lembramos da pressão que sofríamos da família, pois tínhamos trabalhos estáveis e bem remunerados em profissões convencionais. Um (Bruno) era químico industrial e trabalhava com engenharia de processos em uma indústria eletroeletrônica. Outra (Patrícia) era gerente de Recursos Humanos em uma indústria do ramo de alimentos. Mas nós dois decidimos acreditar nesse trabalho, por isso abandonamos o trabalho formal nas empresas em que atuávamos.

Com isso, as nossas famílias achavam que estávamos ficando loucos, pois não conseguiam entender como poderíamos tomar essa decisão de começar em um novo campo de trabalho nebuloso e ainda pouco definido no Brasil.

E no começo as coisas foram bem difíceis mesmo. As nossas famílias nos ajudaram financeiramente algumas vezes, pois mesmo fazendo um trabalho novo, bonito e empolgante, simplesmente não conseguíamos prosperar e ainda parecia que as coisas ficavam cada vez piores.

Quando percebemos que as coisas estavam indo mal, decidimos mergulhar no estudo das leis naturais, das causas metafísicas e da psicologia da prosperidade. Só que havia um grande problema: além dos cursos nessa área serem muito caros, eles não ensinavam exatamente o que fazer para mudar o jogo. Além do mais, tínhamos pressa de colher os resultados.

O tempo foi passando e, com as experiências positivas e negativas, com as centenas de livros lidos sobre o assunto, com os diversos cursos que fizemos, conseguimos criar um modelo de caminho de prosperidade que finalmente começou a funcionar.

E nessa estrutura de conquista da prosperidade, existem dois poderes mágicos que foram essenciais para mudar completamente a nossa realidade.

Poder mágico 1: Gratidão

Todo mundo que tem decolado no caminho da prosperidade com as técnicas metafísicas que nós ensinamos já entendeu a importância do sentimento de gratidão no processo da abundância e, por isso, são pessoas que praticam os exercícios que constroem esse caminho com bases sólidas.

Óbvio, né?

Nem tanto, porque a grande maioria das pessoas que quer prosperar não se concentra na correta realização dessa tarefa diária. Porque é o sentimento de gratidão diária que dispara os acontecimentos magnéticos que lhe levarão a um novo patamar. Em nossas vidas, isso ocorreu sistematicamente à medida em que aplicamos os conceitos que atualmente ensinamos neste livro.

Se essas pessoas querem tanto a prosperidade, o que as impede de criar o hábito de fazer as práticas diárias de gratidão?

Elas ficam esperando o momento perfeito para começar ou simplesmente ficam aguardando que alguma coisa inesperada surja e resolva tudo...

E essa coisa inesperada nunca chega, porque tudo obedece às leis naturais de magnetismo, e mesmo que você leia tudo a respeito, e que você entenda o conceito, sempre são necessários ajustes no sentido daquilo que realmente faz a diferença e produz resultados. Em outras palavras, se você não entende esses mecanismos e não age em sua direção, não magnetiza os acontecimentos essenciais para a prosperidade.

Mas sabemos também que não adianta simplesmente começar no escuro, sem qualquer direcionamento, afinal, aprender a mudar o seu fluxo de prosperidade é um processo diferente da maioria das coisas que vemos por aí.

Foi por isso que escrevemos este livro, *Conexão com a Prosperidade*, para que qualquer pessoa possa aprender detalhadamente o que deve ser feito. Com isso, qualquer um pode dar os passos certos na direção da prosperidade, o mais rápido possível!

Depois de dar esse primeiro passo na direção certa, você vai precisar dominar o segundo poder mágico.

Poder mágico 2: Organização

Para conquistar o magnetismo da prosperidade, que é a condição ideal para atrair as situações de abundância e plenitude, você precisará se organizar.

As pessoas que não prosperaram, mesmo aplicando os melhores conceitos da psicologia e metafísica para a prosperidade, basicamente cometem a mesma falha: a falta de organização.

Você pode até dar sorte de conseguir prosperar logo de primeira, mas se for para confiar apenas na sorte e perder o controle da situação, então é melhor jogar logo na loteria!

O que garantiu que todas as pessoas bem-sucedidas que conhecemos tenham feito surpreendentes avanços é a sistematização que elas tiveram na organização para a prosperidade.

Enquanto boa parte das pessoas que conseguem alguns bons resultados nessa área acabam desistindo de buscar esse crescimento com o passar do tempo, aquelas que seguem um esquema de organização para a prosperidade continuam colhendo mais e mais resultados.

A permanência na organização para a prosperidade é um poder mágico sem igual, pois é ela que estrutura o caminho futuro para colher os frutos que virão. Nós mesmos demoramos um bom tempo para começar a colher os resultados, simplesmente porque não entendíamos, por anos a fio, a importância de seguir um modelo de organização. Portanto, se você se organizar nesse sentido, uma hora ou outra, a prosperidade dará sinais. E, quando ela acontecer, garantimos que você vai olhar para trás e ver que tudo o que foi feito valeu a pena.

Daí, é colher os frutos e se preparar para as próximas manifestações que surgirão, indicando que você está no caminho certo e que entendeu as leis naturais que regem o processo.

E agora você tem a chance de ajustar a sua vida na direção certa, que vai lhe dizer tudo que você precisa fazer para estruturar seu planejamento para a prosperidade.

E o fato de estarmos muito felizes e animados para falar desse caminho é que se trata de uma fórmula que funciona para qualquer pessoa, pois pode ser replicada.

A outra vantagem é que você não precisa se preocupar com o fato de acreditar que o crescimento da sua prosperidade possa gerar objeções para a sua vida, como, por exemplo, acreditar que você terá dinheiro e não será feliz, ou que você encontrará a prosperidade e perderá seus verdadeiros amigos ou que manifestará abundância, mas venderá a alma para isso.

Essa fórmula de conquista da sua prosperidade fará com que você encontre a sua abundância material e ainda se sinta cada vez mais feliz e realizado.

Você pode achar que isso é muito bom para ser verdade ou que funcionou para nós mas não vai funcionar para você. Nós também não acreditaríamos se nós mesmos não tivéssemos aplicado esse sistema em nossas vidas e encontrado os resultados que desejávamos.

Talvez nós também não acreditássemos se nós mesmos não tivéssemos modificado completamente as nossas vidas a ponto de poder garantir que, desde que entendemos o processo, estamos dobrando a nossa renda mensal e patrimônio, ano após ano.

Demoramos quase oito anos para entender esse modelo, gastamos bastante tempo e dinheiro com coisas que não funcionaram e ainda nos geraram muito sofrimento, mas agora você não precisa sofrer tanto como nós sofremos, porque o modelo daquilo que realmente dá certo está sintetizado, estruturado e disponível para você neste livro que é um programa de treinamento para a prosperidade.

Demoramos para aprender, mas você não precisa sofrer como nós sofremos, fazer os cursos caros que fizemos e ler o montante de livros que lemos. Fizemos cursos caríssimos que prometiam mundos e fundos, mas não geravam resultados. Também aprendemos a pedir desesperadamente pelas nossas metas, mas não fomos ensinados a como fazer isso nos alinhando com a missão de nossas almas.

E encontramos um jeito de mudar a prosperidade na vida de qualquer pessoa comprometida em aplicar as técnicas que aprendemos.

Isso funciona para qualquer pessoa, funciona para você também, porque é um modelo, é uma forma, é um sistema que pode ser replicado.

NESTE LIVRO VOCÊ APRENDERÁ:

- ✔ Que a prosperidade financeira ainda não chegou na sua vida por conta de hábitos equivocados.

- ✔ Que existem agentes externos que contaminam a sua consciência e lhe programam de forma silenciosa para você não prosperar e ser escasso. Você aprenderá como se livrar dessas influências.

- ✔ Que você mesmo pode criar condições de conquistar a prosperidade, não importa a sua condição atual de vida. Que você está neste mundo para ter prosperidade, abundância e para fazer a diferença!

- ✔ Que você pode construir uma vida significativa, plena e feliz!

Você mesmo vai realizar um programa de prosperidade passo a passo que transformará a sua realidade financeira. Comece a mudar a sua prosperidade e a sua vida financeira agora, já!

INTRODUÇÃO

Uma mudança profunda

Para você experimentar a prosperidade real e duradoura, você precisará aprender a se conhecer. Você jamais será feliz se não souber quem você é em essência. Você jamais será feliz se não aprender a gostar de você mesmo.

Para que você encontre a prosperidade, primeiro você precisa se encontrar.

Encontre a missão da sua alma e realize o propósito da sua existência, porque somente desta forma a sua busca pela prosperidade terá sentido.

Você nunca será feliz se quiser apenas o lado financeiro da prosperidade, pois o dinheiro é apenas o fruto. Já a alegria, o autoamor, a confiança em si, a fé e o conhecimento da sua natureza espiritual são a árvore. Você não tem como mudar o sentido das coisas. Uma árvore não pode dar os frutos sem que, antes, tenha suas raízes, seu tronco e seus galhos bem desenvolvidos. Não há como pular etapas.

O que gera a felicidade não é a conquista do dinheiro, mas o estado de espírito que atrai o dinheiro magneticamente, porque se você só tiver posses que foram acumuladas ao longo da vida, mas ao mesmo tempo conviver com os sentimentos e os pensamentos sem sintonia com a Fonte Maior, você nunca sentirá paz, alegria e conforto real em sua vida. No entanto, infelizmente, não é assim que a nossa sociedade está educada. Em geral, somos condicionados em crenças negativas que nos fazem acreditar que a prosperidade é algo errado. A sociedade como um todo não está treinada para prosperar – ao contrário, está treinada para ser infeliz, doente e escassa. Por quê?

Simplesmente porque aprendemos a valorizar as notícias ruins, os programas televisivos carregados de tragédias, as colunas policiais nos jornais, as novelas com histórias de traição, perda e injustiça.

> *Quando o ser humano é absorvido pelo medo da morte, medo da doença, medo da escassez, medo da fome, medo da marginalidade, medo de não honrar a sua família, ele se torna frágil e o seu comportamento passa a ser completamente vulnerável e previsível.*

A sociedade está estruturada de uma maneira tão amarrada ao medo que as pessoas estão tendo as suas capacidades de pensar por conta própria completamente anestesiadas.

Os idealistas estão sumindo, os pensadores estão sucumbindo e os visionários estão em extinção!

A falta de estímulo para analisar a sociedade, os seus principais costumes, anseios e comportamentos está proporcionando a formação de uma geração realmente doente, que não está usando quase nada do seu potencial de expansão.

Este livro nasceu para que você quebre essa corrente limitante! Para que você olhe a vida com outros olhos e entenda que você não precisa repetir padrões de escassez e limitação que você está vendo na sua família, na vizinhança e em todas as referências que você tem. Não estamos falando isso para maldizer todos que o cercam; ao contrário, você precisa expressar gratidão e respeito por todos, senão nunca será feliz. Contudo, você nasceu para evoluir, para se expandir e para experimentar melhores versões de você mesmo a cada dia, o que significa mudar diariamente as referências pessoais para níveis cada vez mais elevados.

Na história recente da Humanidade, nunca estivemos tão próximos da oportunidade de nos expandirmos tanto, contudo, será preciso uma quebra de paradigma intensa.

Nós não estamos falando de anarquia, violência, guerra, briga, batalha. Estamos falando da possibilidade de pensarmos de forma completamente diferente do que a maioria das pessoas à nossa volta pensa. Estamos falando de iniciar uma mudança, para que o nosso exemplo sirva de inspiração para os demais.

A sua conexão com a prosperidade depende essencialmente da sua conexão com você mesmo. Depende de você se conhecer e se questionar sempre com estas perguntas:

Eu sou feliz de verdade?
Eu sou feliz mesmo?
Eu tenho liberdade?
Eu sou pleno?
Eu me sinto confiante?
Eu me sinto feliz?
Eu sou o que nasci para ser?
Eu vivo o meu propósito?

Se a sua mente se abriu sinceramente para essas questões, provavelmente você vai se deliciar com o conteúdo deste livro, porque o objetivo dele é exatamente que você consiga organizar e planejar o seu encontro com a prosperidade.

Quando você se conectar com esse fluxo poderoso de energia chamado prosperidade, certamente entenderá que a melhor face da sua existência ou a sua melhor versão reserva potencialidades e possibilidades que darão um novo sentido à sua vida.

Você pode! Qualquer um pode! Basta querer e ter o comprometimento para fazer as mudanças necessárias.

PARTE 1
O que é prosperidade

A prosperidade é um fluxo ou uma condição energética conquistada por qualquer pessoa que sabe agir, pensar e sentir de acordo com leis naturais que regulam a vida no universo.

As leis naturais não agem de formas diferentes para pessoas também diferentes. Elas são iguais para todos os seres, elas agem da mesma forma. Como a prosperidade depende significativamente do nosso alinhamento com essas leis naturais, qualquer pessoa que as utilizar com sabedoria poderá destravar sua prosperidade.

Para resumir:

PROSPERIDADE É UM ESTADO DE ESPÍRITO

Estado de espírito é uma condição que se estabelece no corpo, na mente e na alma do indivíduo. É uma força que fica magnetizada ao seu redor e, por consequência da lei da atração magnética, atrai mais situações, coisas, acontecimentos ou pessoas de igual frequência.

Contudo, para você conquistar esse estado, será necessária a congruência de uma série de fatores, como mudança de pensamentos, comportamentos, emoções e principalmente empenho na sua organização, disciplina e comprometimento.

Este trabalho vai ajudá-lo a conquistar um estado de espírito que abra o seu fluxo de prosperidade, para que você comece a manifestar situações, ideias, acontecimentos e movimentos que o impulsionem nessa mudança positiva.

A conquista da prosperidade é algo que se dá pela estruturação de um estilo de pensar, sentir e agir em sintonia com um padrão específico de comportamento.

Muitas pessoas consideram que a prosperidade surgirá após um acontecimento provocado pelo destino ou pela sorte, como, por exemplo: ganhar na loteria, herdar um patrimônio ou conseguir um emprego diferenciado. Obviamente, aquele que se dedica a um caminho de prosperidade e conquista poderá, em meio a sua jornada, deparar-se com ganhos inesperados; contudo, essa não é a ferramenta principal para se conseguir o sucesso, especialmente no aspecto financeiro.

> *Prosperidade é um fluxo, é um caminho a ser seguido, é uma disciplina a ser mantida e um padrão a ser estabelecido. Quem entende isso pode conquistá-la; quem não entende ou sofrerá privações financeiras ou conseguirá êxito na conquista do dinheiro e não será feliz.*

Prosperidade é a união da abundância material e financeira com paz de espírito e plenitude. Assim como um atleta que precisa de muito treino para conquistar a sua melhor forma, o buscador da prosperidade precisará se dedicar incessantemente para entrar no fluxo da abundância e se beneficiar de suas virtudes.

O SEGREDO É O COMPROMETIMENTO!

Comprometimento é a chave do sucesso. Qualquer que seja a coisa que você tentou fazer e não deu certo, é porque você não conseguiu atingir o comprometimento necessário. Qualquer que seja a meta não alcançada, foi porque você não conseguiu pôr em prática o comprometimento necessário. Pode ser também porque você não tenha entendido o que era preciso fazer ou qual era o grau de comprometimento necessário.

Para conquistar o que você deseja, você precisa ter constância de propósito. Você precisa agir sempre de forma condizente às suas metas e, acima de tudo, precisa ter clareza e foco para seguir buscando o que sonha.

Pode acreditar que, quando você age assim, a lei da atração faz a parte dela e você conquista o que quer. Quando você se compromete, você conquista!

A PROSPERIDADE É UM CONJUNTO DE FATORES

Conscientize-se definitivamente de que você quer a prosperidade e que fará todo o esforço possível para alcançá-la, e assim será feito. Definitivamente entenda que o encontro entre você e a prosperidade jamais acontecerá ao acaso.

Esse encontro precisa ser bem organizado e planejado, caso contrário você jamais experimentará a verdadeira prosperidade, que lhe traz saúde, felicidade, riquezas e abundância.

Muitas pessoas se dizem prósperas, mas não têm dinheiro. Elas podem até viver com alegria, contudo, a verdadeira prosperidade é a energia que lhe oferece possibilidades de realização, que é o mais genuíno poder. Se você tem uma vida feliz, mas não tem abundância de recursos materiais, então você não tem a liberdade.

Outras pessoas dizem que têm muito dinheiro, que estão em paz e por isso se consideram prósperas. Entretanto, conversando mais intimamente com elas, percebemos que elas sofrem com problemas de saúde que limitam suas possibilidades. Isso também não é prosperidade.

Prosperidade é a soma de um estado de espírito vibrante com a saúde plena e a abundância material. Você não terá a verdadeira prosperidade se você não tiver esses três aspectos bem resolvidos.

@brunojgimenes @pat.candido

PARTE 2
As causas da falta de prosperidade

Você já deve ter assistido a um desses programas de TV em que um especialista em cães vai até o domicílio ajudar a lidar com um problema com um animal de estimação. Normalmente, esses programas localizam pessoas desesperadas por causa do comportamento desequilibrado de seus animais domésticos. Então, surge o especialista em comportamento animal para resolver o problema.

Normalmente começa uma série de treinamentos, tanto para os donos quanto para os animais, que visam a criar novos hábitos, os quais geram incríveis resultados.

Se você ainda não assistiu a nenhum desses programas, deveria assistir, pois eles são bem feitos e muito interessantes. A ideia dessa comparação é exatamente mostrar que, quando o assunto é a conquista da prosperidade, a maioria das pessoas é como o dono do cão. E a sua felicidade e as suas finanças são como os cachorros rebeldes, medrosos, violentos ou agitados. Todos precisam ser educados com treino e dedicação para desenvolver atitudes que construam a sua prosperidade, caso contrário sofrerão muito.

Neste livro, abordaremos atitudes que alinham você com as leis naturais e por isso constroem o seu caminho de plenitude. Acima de tudo, queremos lhe mostrar o que não fazer. Sim, este é o ponto: o que não fazer!

Existem atitudes que distanciam a pessoa da prosperidade e, infelizmente, quase todas têm uma aparência inocente, mas são bastante devastadoras. Quando você entender os principais erros que comete e entender as consequências deles, certamente conquistará mais força e confiança para fazer as mudanças que devem ser feitas.

Existe um elemento que assusta e outro que anima neste processo. O fator que exige atenção é que temos crenças e comportamentos bem enraizados em nossas consciências, por isso são difíceis de ser vencidos. Em outras palavras, exigirão muito de você: bastante dedicação, comprometimento e disciplina.

Em contrapartida, existe algo que anima nessa caminhada para a conquista da prosperidade: o fato de que qualquer pequena mudança que você fizer na direção dos hábitos prósperos já representará ganhos imediatos na sua vida. Esses ganhos vão desde melhoria no seu estado de paz até crescimento de recursos financeiros. Portanto, quanto mais dedicação, maiores e melhores serão os seus resultados.

Repelentes da Prosperidade

1. NÃO VIVER A MISSÃO DA SUA ALMA

Você não conseguirá se realizar se viver a maior parte do seu tempo fazendo o que não gosta. Você não será feliz se fizer unicamente o que é obrigado a fazer. Você jamais estará em paz consigo se viver apenas para agradar aos outros.

Alegria e amor só brotarão no seu coração se você passar a maior parte do seu tempo animado pelo efeito do sentimento que tem em fazer o que gosta e viver de maneira agradável. Todos sabemos que, durante a nossa vida, e na rotina do dia a dia, não temos como fazer apenas o que nos agrada. Às vezes é necessário fazermos diversas tarefas por obrigação, necessidade, e até contrariados. Todavia, a maior parte do seu tempo deve ser usada para você viver em comunhão com o que o anima e o motiva para a vida. Isso é viver no fluxo da prosperidade!

Tome uma criança como exemplo. Quando ela está se divertindo em meio a suas fantasias, suas brincadeiras e seus brinquedos, o sentimento que ela nutre é de pura plenitude, de conexão com a Fonte Maior e de alegria. Para ela, no momento de sua brincadeira, tudo está fluindo perfeitamente.

Você pode estar dizendo que não tem mais como viver uma vida de criança. Obviamente sabemos disso. Entretanto, alguns aspectos podem ser observados e utilizados para melhor entendimento do assunto, porque, quando a criança está em sintonia plena com a alegria da sua brincadeira, ela está sorridente e abastecida com uma grande quantidade de energia vital e entusiasmo.

Não temos como ser felizes, não temos como realizar grandes feitos ou ter criatividade se não estivermos sintonizados com a alegria de fazer as tarefas diárias. É por isso que o ser humano precisa dar toda atenção e foco quando for escolher sua atividade profissional ou o conjunto de tarefas que tomem a maior parte do tempo de sua vida. É por isso também que se faz necessário saber construir relacionamentos que não o impeçam de ser a pessoa que você é, com as características únicas que você tem. Infelizmente, a maioria das pessoas, na tentativa de se encaixar no estilo louco de vida atual, acaba desenvolvendo atitudes que não representam exatamente a essência do que são, na tentativa de serem mais bem aceitas ou de agradar à sociedade em que vivem. Quando isso acontece, a pessoa se desconstrói, se desconecta dela mesma e perde a força de entusiasmo tão necessária para viver bem a sua vida.

Você precisa ser o que nasceu para ser. Precisa encontrar o seu lugar no mundo e realizar a missão da sua alma, pois só assim você estará integrado com a sua própria essência, que, por consequência, é a via de acesso da plenitude em sua vida.

Infelizmente, na condição atual da vida no planeta, o que mais encontramos são pessoas vivendo no piloto-automático, movidas unicamente por questões materiais e pela necessidade de manter seus estilos de vida, os quais nem sempre estão em sintonia como o que realmente desejam.

O que essas pessoas não percebem é que, ao agirem assim, estão fundando as bases de sua existência no medo e na incoerência, os quais cobram o seu preço: a falta de prosperidade.

A maioria das pessoas não trabalha no que gosta, e suas tarefas diárias não alimentam a sua alma. Uma pequena parcela apenas trabalha ou vive motivada pelos sentimentos de estar plenamente em seus lugares. Sentir-se em seu lugar quer dizer que você se conhece e conhece os seus potenciais. Você gosta da pessoa que é, gosta de fazer o que faz e gosta de ficar em sua própria companhia. Sentir-se em seu lugar é amar o ser que você se tornou, pois aprendeu que as suas potencialidades surgem quando você é fiel ao seu conjunto de valores. Sentir-se em seu lugar é viver a verdade da sua alma, agindo, vivendo e se movimentando com base no sentido que vem de dentro de você.

Não se pode viver a plenitude sem estar no devido lugar. Não dá para ser plenamente feliz sem estar desempenhando o seu papel.

Para se realizar, você precisará focar obstinadamente em ser fiel ao que você nasceu para ser. "Conhecereis a verdade e ela vos libertará". Agindo assim, você beberá da verdadeira fonte da prosperidade.

VAMOS AGIR?

ALGUMAS DICAS PARA VOCÊ FAZER AGORA, JÁ!

- ✓ Faça uma reflexão e analise as tarefas que você faz, mas que não consegue encontrar nenhum tipo de prazer em realizá-las. Depois disso, use a sua criatividade para ver ideias de tornar essa atividade mais prazerosa. É provável que existam muitas formas, mas que você não esteja enxergando, em razão do nível de insatisfação que tem. Pergunte-se: como eu posso fazer essa tarefa ficar mais agradável?

- ✓ Procure se concentrar nos aprendizados que as tarefas desagradáveis estão gerando, principalmente por aumentar a sua percepção nas emoções envolvidas, pois essas mostram o que exatamente você está acessando. Uma vez que você entender e identificar as emoções negativas envolvidas, você terá maior consciência dos fatos e saberá separar realmente o que é importante do que não é.

✔ Se, mesmo assim, a tarefa estiver ferindo os seus conceitos, o seu conjunto de valores morais e princípios de vida, organize a forma de se desapegar da tarefa. Enquanto você não encontrar uma solução para tirá-la da sua rotina, não descanse.

Faça aqui as suas anotações:

_____
_____
_____
_____
_____
_____

IMPORTANTE: caso você ainda não esteja na profissão dos seus sonhos, é imperativo que você tenha amor e gratidão pelo trabalho atual, senão jamais você conseguirá atrair um futuro iluminado e pleno. Entretanto, você pode começar a criar a sua realidade, desenvolvendo a visão interna do seu futuro e o estado de espírito ideal para manifestar o que está por vir. Por isso, escreva agora três metas às quais você irá se dedicar para sair do comodismo e começar a trilhar um novo caminho.

Meta 1: _____

Meta 2: _____

Meta 3: _____

2. SER O EFEITO

Você é causa ou efeito?

Infelizmente, a maioria das pessoas no mundo, ou seja, um número maior que 95%, pode ser considerada efeito. Consequentemente, apenas 5% das pessoas são causa neste mundo.

O que é efeito? Efeito é tudo o que acontece na sua vida e que você não esperava, não queria. Em outras palavras, é uma avalanche de situações acontecendo, mas você não pode controlar, apenas tem que dar um jeito de absorver e resolver.

As situações complicadas que acontecem, os sofrimentos, as crises, os conflitos, os momentos de carência e solidão são efeitos! Vamos explicar isso melhor.

Muitas pessoas não conhecem o poder dos bons sentimentos e, por isso, os seus próprios sentimentos são reações ou respostas a tudo o que acontece com elas. Ser apenas a reação é ser efeito.

Elas colocaram os seus sentimentos em um estado automático que mais se parece com uma alienação, e assim vivem sem prestar atenção neles. Por consequência, quando alguma coisa boa acontece, elas se sentem bem. Quando alguma coisa ruim acontece, elas se sentem mal. Nem percebem que seus sentimentos são a causa do que acontece com elas. Por isso, como elas sempre reagem por meio de sentimentos negativos, estão irradiando mais sentimentos negativos e recebem de volta mais circunstâncias negativas. Ficam presas no círculo vicioso dos seus próprios sentimentos, e suas vidas ficam girando nesse círculo.

A consequência disso é que elas não chegam a nenhum lugar interessante.

O motivo pelo qual se comportam dessa forma é que elas apenas estão reagindo ao efeito das situações!

E qual é a receita para mudar as suas vidas?

É preciso tornar-se a causa! Somente assim este círculo será rompido, e novas experiências providas de luz, alegria, prosperidade e amor serão vividas.

Tornar-se a causa é aprender a lapidar seus sentimentos, curando as suas emoções inferiores. Tornar-se a causa é reconhecer que somos espíritos vivendo uma experiência material e que temos uma missão neste mundo. Tornar-se a causa é aprender a estabelecer metas pessoais sintonizadas com a verdade da própria alma, e assim viver focado nesses objetivos. Tornar-se a causa é saber que tudo que acontece em sua vida vem por magnetismo, determinado pela qualidade dos seus sentimentos, pensamentos e emoções.

O sofrimento é o efeito, a cura é a causa! O medo é o efeito, a fé é a causa! A culpa é o efeito, o aprendizado sobre ela é a causa! E você, é causa ou efeito? Comece a analisar desde já se, nas situações determinantes da sua vida, você é causa ou efeito.

Por exemplo: na hora do almoço, as opções que teremos ao chegar no restaurante não fazem tanta diferença, entretanto, no que tange ao trabalho e aos relacionamentos, devemos ser a causa. Temos que dar a direção das coisas, não apenas reagir aos fatos.

Quando o assunto é prosperidade, mais especificamente a conquista de um estilo de vida próspero, você precisará reconhecer se está deixando a vida levá-lo, se está aceitando as coisas como elas são, e, assim, tornando-se o efeito, ou se você definiu suas metas, construiu seu planejamento de vida e está atuando permanentemente para criar a sua realidade. Se você souber criar a sua realidade, você será a causa, e toda pessoa que souber ser causa saberá construir o seu caminho de sucesso e prosperidade.

VAMOS AGIR?

ALGUMAS DICAS PARA VOCÊ FAZER AGORA, JÁ!

- ✔ Faça e mantenha sempre a sua lista de metas pessoais (eternamente). Escreva uma meta de conquista pessoal, tal como alcançar um estado de espírito específico, uma meta material, uma profissional, uma meta familiar. É indicado que pelo menos no começo você não ultrapasse o máximo de oito metas por vez, mas, com o tempo, você naturalmente saberá como evoluir.

- ✔ Tenha essas metas escritas no seu caderno de bolso, na sua agenda ou no seu celular. Se preferir, anote no espaço a seguir e deixe este livro sempre à mão.

✔ Todos os dias, leia, com calma, cada uma das metas. Uma a uma, leia e, em seguida, imagine-se realizando-a. Mentalize cada meta com paciência e detalhamento. Se você tiver disciplina nessa prática, então naturalmente deixará de ser o efeito, pois aprenderá a construir a sua vida como deseja!

Anote aqui as suas metas:

_____

_____

_____

_____

_____

IMPORTANTE: sempre que situações negativas chegarem até você, antes de reagir negativamente, questione-se: por que eu estou atraindo esse tipo de situação? Como devo reagir para me tornar a causa e passar a produzir, por minha conta, emoções e sentimentos positivos?

Você é sempre o reflexo de cada situação que o cerca. Portanto, se você brigar com os acontecimentos, estará brigando consigo mesmo. A melhor maneira é acolher cada situação com paciência, respeito e dedicação, pois assim você aprenderá a transmutar as negatividades em bênçãos.

3. SENTIR-SE INJUSTIÇADO

Quando você se sente injustiçado, você provoca uma força interna que diz ao universo o quanto está insatisfeito, o quanto se sente frágil e vítima da circunstância. Agindo assim, você está aplicando sofrimento à sua alma; em vez de transmutá-lo pela força da sua consciência sobre os fatos e seus atos, você está acumulando um campo invisível de sofrimento de sensação de impotência e de falta de capacidade de mudar a sua realidade.

Mas o que é o sofrimento?

O sofrimento é uma energia interna que se forma porque a consciência da pessoa está agindo em sentido contrário às leis naturais que regem a evolução do mundo. Por isso, todo sofrimento é um perda de sintonia, é a indicação da falta de alinhamento do indivíduo em relação à Fonte Maior. Por assim dizer, podemos concluir que o sofrimento é um sistema natural criado por Deus para nos avisar de que precisamos aprender mais sobre determinado tema ou aspecto de nossas vidas. O mecanismo universal é tão perfeito e impressionante que, quando uma pessoa sofre, ela está, mesmo que inconscientemente, agindo de forma contrária à vontade do Criador Maior e, por isso, ela é avisada pelo sentimento ruim que aflora, para dizer: *Ei, atenção! Você está na contramão!*

E o que acontece se a pessoa não faz as mudanças que deve fazer? O que acontece se a pessoa não se conscientiza do que precisa se conscientizar?

O sofrimento aumenta, o que indica que o aviso está ficando cada vez mais claro e específico!

Quando você se sentir injustiçado, trate de mudar os rumos das coisas. Ame mais, perdoe mais, procure novos caminhos, comprometa-se mais, estude mais, conheça-se mais, limpe-se das suas crenças limitantes e mude a sua realidade. Se você se sente injustiçado, então você está fazendo a coisa errada, na hora errada, no lugar errado e da forma errada. Faça a coisa certa: sinta-se abundante, sinta-se cheio de possibilidades de mudar a sua vida, sinta que você tem o poder de escolher os seus pensamentos, de agradecer as oportunidades e os aprendizados. Sempre que você se sente injustiçado, você está repelindo o fluxo da prosperidade.

VAMOS AGIR?

ALGUMAS DICAS PARA VOCÊ FAZER AGORA, JÁ!

- ✔ Olhe para a situação da injustiça como reflexo da sua falta de amor e da sua falta de conexão com Deus nas situações simples da vida. Perdoe-se com humildade e desejo sincero de fazer melhor e absolva as situações envolvidas, pois você sabe que é um ímã que atrai semelhantes. Desvitimize-se instantaneamente ao compreender que é mais um sinal do universo dizendo que você precisa enxergar com maior amplitude e com mais beleza no seu coração.

IMPORTANTE: pergunte-se sempre: Eu estou no lugar certo? Eu estou agindo certo? Eu estou invadindo o papel de qual pessoa? O que eu estou desrespeitando que eu não estou enxergando?

4. NÃO SABER SE ORGANIZAR, NÃO TER METAS E NÃO TER PLANEJAMENTO

As leis naturais convocam as forças poderosas do universo. Essas energias estão presentes em qualquer lugar e momento. As energias são forças etéricas manipuláveis graças à força do pensamento associada à emoção humana.

A ação aplicada de pensamentos claros e precisos permite que os acontecimentos na sua vida ocorram com consistência e perfeição, isso porque tudo que você atrai para a sua vida (em todos os aspectos da sua existência) está intimamente relacionado ao conjunto de pensamentos, emoções e sentimentos que você tem. Da mesma forma, se você não tem metas, se você não consegue imaginar, com clareza e detalhamento, tudo que você deseja ter ou conquistar, então você não conseguirá manifestar com consistência e perfeição. Simples assim!

A maioria das pessoas que sofre com problemas, crises, sofrimentos e escassez é porque estão deixando a *noticiosfera* do mundo atual as conduzir. A *noticiosfera* é a mídia de massa carregada de informações que causam medo, dor, sofrimento, escassez, crenças negativas e sofrimentos dos mais diversos.

Quando você tem metas, quando você enxerga na sua mente aquilo que deseja manifestar, quando você consegue construir e manter a ideia do que seria uma vida perfeita, você manipula as energias naturais ao seu redor para que elas atraiam os acontecimentos de mesmo padrão. Você é criador da sua realidade!

Quando você se sentir injustiçado, trate de mudar os rumos das coisas. Ame mais, perdoe mais, procure novos caminhos, comprometa-se mais, estude mais, conheça-se mais, limpe-se das suas crenças limitantes e mude a sua realidade.

@brunojgimenes @pat.candido

Quanto mais você conseguir organizar a sua ideia de futuro perfeito, de vida perfeita e de prosperidade perfeita, mais você conseguirá manifestar realmente. Contudo, se você não definir bem para a sua mente o que exatamente você quer, você pode pagar o preço caro de ter a vida escassa e sofrível.

VAMOS AGIR?

ALGUMAS DICAS PARA VOCÊ FAZER AGORA, JÁ!

- ✔ Conscientize-se definitivamente de que uma mente vaga atrai situações vagas, e por isso você só terá um futuro brilhante se souber organizar as suas metas e visões internas de forma brilhante.

- ✔ Definitivamente, a prosperidade não é um encontro ao acaso. Ela precisa ser planejada, portanto, comece o seu planejamento tendo novas atitudes. Se você se mantiver do mesmo jeito, achando que Deus vai um dia lhe trazer um presente do céu, então você está perdido!

- ✔ Saia da *noticiosfera*, pois ela é feita exatamente para criar prisioneiros emocionais, que, além de não evoluir espiritualmente, jamais encontrará a genuína prosperidade. Elimine novelas, noticiários, revistas fúteis, programas sensacionalistas e filmes carregados de toxinas psíquicas que fazem você acreditar que precisa sofrer para ser feliz.

> IMPORTANTE: aprenda a desenvolver os seus rituais de conexão consigo mesmo. Você precisa experimentar periodicamente encontros de silêncio com sua própria companhia, sem sons externos, sem pessoas e sem agitação. Você precisa aprender a saber quem você realmente é, a se conhecer intimamente.

5. NECESSIDADE DE AFOGAR O VAZIO DA ALMA COM BENS DE CONSUMO E VÍCIOS

É curioso esse caminho da conquista da prosperidade, pois, por um lado, fazemos grandes esforços na aplicação adequada de leis naturais para conquistar alegria, plenitude e abundância material, mas, por outro, precisamos saber entender a importância do desapego.

Na prosperidade, o que mais importa é o estado de espírito conquistado, e não os bens materiais manifestados. Em outras palavras, você não poderá construir esse estado de espírito de prosperidade de fora para dentro. Isso quer dizer que jamais você poderá se sintonizar com o fluxo da prosperidade comprando tudo o que desejar.

Se você precisa comprar tudo que deseja para conseguir afogar o vazio da sua alma – que é aquele vazio existencial que surge às vezes ao final de uma tarde, no começo do dia, naquele momento de solidão –, então você não atingiu a prosperidade.

O vazio consciencial é um indicativo de que você ainda não descobriu quem você é e qual é a missão da sua alma. Se você não conseguir realizar a sua missão na Terra, você nunca será uma pessoa plena, e por isso nenhum fato externo que você conquiste será o suficiente para tapar esse furo da sua alma. Descubra e realize o propósito da sua existência que a prosperidade descobrirá você! Se não for assim, nada que você compre ou conquiste irá alimentar a sua alma por mais do que um período curto de tempo.

VAMOS AGIR?

ALGUMAS DICAS PARA VOCÊ FAZER AGORA, JÁ!

✓ Avalie as suas últimas compras gerais, em qualquer área, e escreva o que realmente eram necessidades básicas ou realmente importantes. Veja quantas delas foram feitas apenas por impulso, uma vontade que passou logo em seguida.

Anote aqui seus *insights*:

_____
_____
_____
_____
_____
_____

✓ Ande pela sua casa, avalie o seu guarda-roupas e os seus pertences e pergunte-se: quais itens eu realmente não preciso ter?

Anote aqui suas conclusões:

_____
_____
_____
_____

✓ Depois defina você mesmo qual é o percentual aceitável de itens supérfluos e qual é o percentual que indica que as compras estão exageradas.

Anote aqui suas conclusões:

_____
_____
_____
_____

IMPORTANTE: você não precisa ter pensamento de escassez e mesquinharia nas suas compras, mas precisa ter noção do que é ou não é realmente importante para você. Aquilo que é muito importante você deve dedicar esforços para obter, da mesma forma que o que é supérfluo deve ser eliminado. Aprenda a otimizar as suas compras, deixando a sua vida mais simples, eficiente e objetiva, porque dessa forma você aprenderá a otimizar as suas emoções e com isso será muito mais feliz.

Se você não conseguir realizar a sua missão na Terra, você nunca será uma pessoa plena, e por isso nenhum fato externo que você conquiste será o suficiente para tapar esse furo da sua alma.

@brunojgimenes @pat.candido

6. ALIMENTAR CRENÇAS NEGATIVAS ASSOCIADAS AO DINHEIRO

O dinheiro é um tipo de energia vital que movimenta a vida na dimensão física ou terrena. Com dinheiro, temos uma vida boa; sem ele, temos privação. Por isso, a sociedade acostumou-se a buscá-lo mais que tudo na vida! O dinheiro passou a ser o foco da maioria das pessoas que vive na Terra, simplesmente porque, quando a privação vem, junto com ela vêm o sofrimento, as doenças, as carências e mais uma série de consequências negativas.

Então, muita gente só pensa em dinheiro, faz tudo por dinheiro, vive apenas para o dinheiro. Algumas se esquecem do mundo, do amor, das coisas simples que o dinheiro não pode comprar, por conta da hipnose em que se encontram.

Problemas, crises, conflitos e guerras foram e são criados até hoje por causa da busca desenfreada pelo dinheiro. E é nesse contexto que as crenças negativas se proliferam.

A maioria das pessoas neste mundo tem uma alma boa, princípios e valores também elevados. Por causa disso, são pessoas com valores morais saudáveis. Por assim dizer, estão andando pelos caminhos da honestidade e da retidão.

Ocorre que, em razão do desequilíbrio de uma minoria hipnotizada pelo poder, o dinheiro começou a ter a imagem manchada pelas péssimas ações de pessoas alienadas. Dessa forma, a busca intensa pela conquista da prosperidade material passou a ser muito mal vista por muitas pessoas. Assim, uma grande parte da população mundial, lentamente, vem se permitindo acreditar que o ser humano deve se confortar em obter condições financeiras apenas suficientes para uma vida média, pois, dessa forma, estariam imunes à decadência moral daqueles que se perderam na corrida pela riqueza.

Esse é um grande erro. É o mesmo que dizer que o problema da violência no mundo são as torcidas organizadas do futebol, ou que o problema da obesidade mundial é culpa das empresas de *fast-food*.

A causa do problema não é o dinheiro, assim como não é das torcidas organizadas a questão da violência, tampouco das redes de *fast-food* a questão da obesidade.

Acontece que o dinheiro é um catalisador. Ele simplesmente tem a capacidade de expandir o que a pessoa já é.

Se você já é altruísta e gosta de ajudar mais pessoas, com mais dinheiro fará isso mais e melhor.

Se você tem uma pequena empresa, é um bom administrador, bom empregador, correto e ético, com mais dinheiro será melhor em tudo.

Se você é um bom pai ou uma boa mãe de família, com mais dinheiro cuidará melhor ainda da sua família.

Se você tem saúde, alegria, paz de espírito, faz amigos facilmente, gosta de se divertir e ser feliz, com mais dinheiro sentirá o seu coração vibrar de plenitude.

Se você sempre pensou em um propósito na vida, sempre trabalhou para conquistá-lo, com dedicação e interesse, com mais dinheiro terá forças para realizá-lo.

Se você sente depressão, tristeza, mágoas, medos e ansiedades, com mais dinheiro poderá piorar as coisas.

Se você é egoísta, vaidoso e desinteressado pelas causas alheias, com mais dinheiro o seu egoísmo aumentará.

Descubra e realize o propósito da sua existência que a prosperidade descobrirá você! Se não for assim, nada que você compre ou conquiste irá alimentar a sua alma por mais do que um período curto de tempo.

———————————

@brunojgimenes   @pat.candido

Se você é preconceituoso, arrogante e autoritário, com mais dinheiro você ofenderá as pessoas ao seu redor e acabará se isolando do mundo, porque não conseguirá cativar novas amizades.

Como você pode ver, o problema não é o dinheiro, mas o nível de consciência de cada um.

O dinheiro não é o fator número 1 nem da tristeza nem da felicidade, mas ele pode aumentar ou diminuir tanto um sentimento quanto o outro.

Assim sendo, a sua corrida deve ser no sentido da conquista de um sentido de viver, de um propósito maior e da evolução da sua consciência. Se você não dedicar tempo e atenção constantes para a evolução da sua consciência, para o entendimento de quem você é em essência, do seu papel no mundo, da sua confiança na vida, da sua fé, da sua autoestima e da sua realização, jamais o dinheiro conseguirá fazer isso para você.

O dinheiro em abundância apenas revelará o seu estado de consciência.

Jamais tenha medo do dinheiro, pois ele será um grande amigo na conquista de uma vida plena. E, para viver bem, precisamos de bons amigos!

Não confunda as coisas, pois o dinheiro nas mãos de uma pessoa consciente pode melhorar muito o mundo. Se você se esconder dessa possibilidade de ser próspero e, por consequência, ajudar na conquista de um mundo melhor, você estará sendo negligente com o universo, com Deus e com você mesmo.

Você quer ter prosperidade e plenitude? Então deixe para trás todo sentimento de preconceito, medo ou crítica contra a prosperidade e o dinheiro em abundância. Lembre-se: o que transforma uma pessoa para melhor ou para pior não é o dinheiro, mas a sua capacidade de manter o foco na evolução de sua consciência.

Esteja convencido de que quer expandir a sua prosperidade. Esteja convencido de que o dinheiro abundante vai lhe proporcionar o melhor, pois isso é bom, é necessário, é justo, é equilibrado! Não há nenhuma infração nesse pensamento. O dinheiro virá na sua direção na mesma proporção que você o considerar salutar, benéfico, benfeitor e realizador de sonhos!

É por isso que muitas pessoas têm bastante dinheiro e são infelizes, enquanto outras têm pouco dinheiro e são felizes.

Entretanto, esqueceram-se de divulgar, nos comerciais da TV, que o mundo está cheio de pessoas ricas e felizes, assim como viver com as mais diversas privações e carências também pode estimular o caminho da infelicidade.

Você quer o dinheiro porque precisa das possibilidades que ele pode promover. Você quer o dinheiro porque ele é um amigo que pode ajudá-lo a realizar o seu projeto de vida. Esteja consciente disso!

VAMOS AGIR?

ALGUMAS DICAS PARA VOCÊ FAZER AGORA, JÁ!

- Pense no dinheiro como um amigo: se você o repele, ele deixa de frequentar a sua vida!

- Lembre-se do dinheiro como energia de possibilidades. É o dinheiro que lhe proporciona saúde, educação, dignidade, altruísmo, conforto, diversão, viagens e bens materiais que ajudam a aumentar sua plenitude. O dinheiro permite que você compre a passagem de avião para um dia, mesmo sem premeditar, conhecer a sua alma gêmea. O dinheiro permite que você estude naquela escola em que você fará os melhores amigos da sua vida. O dinheiro proporciona que você se sinta livre para descansar quando o trabalho estiver em excesso, para comprar o presente sonhado do seu filho no Natal e ver o sorriso dele de satisfação; o dinheiro oferece condições de você ajudar causas sociais, o dinheiro possibilita que os seus projetos e os de outras pessoas saiam dos planos das ideias e tornem-se reais. É nisso tudo que você precisa pensar quando se lembrar do dinheiro, e por isso você tem que amar a ideia de obtê-lo em grandes quantidades.

✔ Admire agora, já, neste instante, três ou quatro empresários de sucesso. Pense em como eles superaram seus desafios e como eles superaram a si próprios para chegar aonde chegaram. Comece a respeitar pessoas bem-sucedidas com admiração e respeito extra. Aprenda com elas, veja como elas se comportam e procure entender como elas pensam.

Anote a seguir as pessoas que te inspiram nesse sentido:

_____

_____

_____

_____

_____

_____

IMPORTANTE: sempre que você sentir culpa ou tiver algum sentimento negativo em relação a dinheiro, tome consciência e o anule aplicando uma afirmação positiva: *O dinheiro é uma energia de possibilidades. O dinheiro é uma energia que amplia os meus horizontes e me traz liberdade. Eu amo a liberdade! O dinheiro me dá liberdade!*

7. CONSTÂNCIA NAS CRÍTICAS E LAMENTAÇÕES

Praticamente todas as pessoas deste mundo têm a terrível mania de criticar, reclamar e lamentar situações corriqueiras da vida. Se está frio, se está calor, se é segunda-feira, tudo é motivo para que uma reclamação aconteça. Além disso, a crítica é uma manifestação mais comum no vocabulário da humanidade, tudo é motivo de julgamento, de indignação e, como juízes não autorizados, cada ser segue a sua vida condenando comportamentos alheios sem perceber o quanto isso piora as coisas.

Somos todos energia, somos todos frutos da mesma árvore, ou filhos do mesmo Pai. O simples fato de pensarmos em alguém já nos coloca em sintonia energética com os aspectos desse alguém. Se o comentário sobre a outra pessoa é negativo, pejorativo ou depreciativo, então, sem saber, nos apoderamos da substância energética de mesmo padrão da pessoa. Ao criticarmos ou julgarmos, entramos em sintonia íntima com os aspectos de sombra da pessoa, exatamente dos quais reclamamos ou os quais criticamos.

Da mesma forma, quando elogiamos uma pessoa, quando reconhecemos e agradecemos o comportamento alheio, também nos apossamos dos seus aspectos de luz. Assim é a lei, é inevitável. Contudo, atente ao fato mais importante sobre a questão das críticas e das lamentações: você faz sem perceber!

É assustador dizer isso, mas os estudos comprovam que dez entre dez pessoas que consideram viver sem críticas e lamentações agem dessa forma sem perceber. Em outras palavras, você está lendo este tópico, mas, ao mesmo tempo, é provável que você esteja concordando com tudo e, sem saber, esteja se enganando por achar que não é uma pessoa que reclama ou critica coisas e pessoas com frequência. Infelizmente, você ainda tem muito que curar nesse conceito. Nós todos temos. Ainda precisamos aprender sobre essa questão.

Várias fontes de conhecimento afirmam que a crítica e a reclamação são a porta de entrada do fracasso. Concordamos plenamente, pois a partir da crítica e da reclamação começam a surgir complicações emocionais inconscientes, as quais se transformam no estado de espírito da pessoa. Nesse momento, a energia da crítica promove mais situações para que você continue criticando. A energia da lamentação irá magnetizar, para a sua vida, mais situações nas quais você seguirá reclamando. É um círculo vicioso alimentado por cada ser.

Não é em vão que algumas frases vêm conduzindo os caminhos de várias religiões desde o começo dos tempos. Por exemplo: *Não faça ao outro aquilo que não gostaria que o outro lhe fizesse, Ame teu próximo como a ti mesmo, Orai e vigiai, A cada um será dado conforme as suas obras.* Qual a essência em comum em todas essas frases?

- Somos criadores da nossa realidade, responsáveis 100% pelo sucesso ou fracasso de nossas vidas.

- São os pensamentos os reais criadores de tudo. Sabendo desenvolver bons pensamentos, saberemos construir uma vida plena.

- Todas as ações da sua existência geram reações. O produto da ação e reação é exatamente proporcional à ação, portanto, a prosperidade vem para aqueles que fazem por merecer.

- Não existem vítimas, não existem vilões, não existem culpados: você é o resultado das suas escolhas.

- No amor ao próximo, na consideração com as demais pessoas, no respeito e na harmonia, encontramos ingredientes especiais que nos conduzem à plenitude. Você jamais será feliz se não desejar ao seu próximo o que gostaria para si próprio.

- Mantenha a constante sintonia com o que você realmente quer. Construir mentalmente a ideia da sua prosperidade e viver no sentido de alcançá-la é a sua força. Se você perder o foco de quem você é, o que você quer e aonde quer chegar, ficará à mercê de forças externas. Se você não tem foco e disciplina mental para acreditar nos seus objetivos e viver o seu propósito, você perde proteção, perde forças e atrai situações negativas.

Analise a sua vida profundamente e elimine todas as formas de críticas e lamentações. Não estamos dizendo para você ser passivo aos problemas e aceitar as coisas erradas na sua vida. Aja com força e persistência para fazer as reformas em que acredita, quantas vezes forem necessárias, mas jamais se perca na crítica. Quando você começa a criticar coisas ou pessoas, você manifesta inconscientemente o seu grau de insatisfação com você mesmo e com os rumos que a sua vida tomou. Ao perceber esse comportamento, comece a rever seus rumos, construa detalhadamente as suas metas e siga o planejamento.

Seja como um cão farejador em relação aos seus hábitos negativos. Fareje todos eles, entenda-os e elimine-os.

VAMOS AGIR?

ALGUMAS DICAS PARA VOCÊ FAZER AGORA, JÁ!

- ✓ Fuja das competições rotineiras em ver qual dor de cabeça é a pior ou qual crise familiar é a mais grave. Entenda que cada um tem o seu aprendizado, mas a sua meta é ser feliz!

- ✓ Faça o jejum de críticas ao menos uma vez por semana: fique com a percepção em alta contra os seus comentários críticos. Não reclame da chuva ou do calor, do trabalho ou do feriado, do preço da gasolina ou do seu chefe! Simplesmente aborte a reclamação. Você se sentirá muito bem.

- ✓ Faça agora uma lista das três coisas que você mais reclama na vida atualmente. Depois avalie com profundidade cada uma das situações e defina o motivo pelo qual você age assim. Então veja o que deve ser feito para mudar a situação. Ou você aceita com alegria ou você muda; reclamar jamais!

> ✔ Elimine as reclamações tolas que não servem para nada. São aquelas que fazemos sem perceber, pois estamos viciados. Se você prestar mais atenção nos seus atos, vai perceber que tem o vício da reclamação e que, em muitos casos, nem está incomodado a ponto de reclamar, mas o hábito é tão forte que você acaba sucumbindo.
>
> IMPORTANTE: olhe tudo e todos com admiração, interesse e respeito. Enxergue a bondade nas pessoas e você encontrará a bondade em você!

8. NÃO GOSTAR DE PAGAR CONTAS

Quando você não gosta de pagar algo, você dá sinais energéticos ao universo de que se sente injustiçado. Quando você se sente injustiçado, você aumenta o seu nível de sofrimento, que, por consequência, repele a sua prosperidade.

Além disso, quando você está no sentimento de contrariedade, resumidamente você está na sintonia de não achar que aquilo pelo que está pagando merece ter o valor que tem. A situação agravante desses casos é que é dando que se recebe, certo? Pois bem, quando você não valoriza o que precisa ser pago, ou quando você não encontra pensamentos de valorização sobre a situação, você bloqueia o fluxo de prosperidade.

É simples: você não sente gratidão! Você está na escassez, na mesquinharia, no pensamento pequeno de revolta, rebeldia e ingratidão.

Você tem todo o direito de pedir um desconto se achar que algo está com o valor além do correto. Você também pode fazer pesquisas de preço na busca da melhor oferta. Entretanto, se você for viciado em ofertas, se estiver obsessivo para pagar sempre com muito desconto, isso tudo indica que você está vibrando na limitação, que não acha que os produtos e serviço de terceiros tenham validade.

Se a lei da doação fala do dar e receber constantes, de qual forma você poderá receber a valorização das leis da prosperidade se você não valoriza as coisas e as situações que chegam até você?

Tudo que está a sua volta é um reflexo de quem você é. Seja bom ou ruim, é o seu magnetismo que está se manifestando. Não há injustiça no processo.

Se você não tem a sua energia pessoal valorizada com acontecimentos que indicam o seu fluxo da prosperidade, é porque de alguma forma a sua energia de doação, de gratidão e de valorização não está equilibrada.

Abençoe a iniciativa do dono do supermercado em ter dedicado energia, tempo e atenção para construir e manter aquele local para que você possa ir lá fazer as suas compras.

Tudo que está a sua volta é um reflexo de quem você é. Seja bom ou ruim, é o seu magnetismo que está se manifestando. Não há injustiça no processo.

@brunojgimenes   @pat.candido

Abençoe o pão que você come, imaginando o cultivo do trigo, o transporte da farinha, o preparo do pão, a embalagem que a padaria utiliza para lhe entregar o produto. Ele está lá a toda hora que você quiser. Você pode comprar em alguns minutos e logo se deliciar, porque o padeiro ficou horas e horas produzindo a massa e assando no tempo e temperatura certos para que estivesse no ponto perfeito de consumo.

Abençoe o sinal de internet, os técnicos que instalaram tudo na sua rua, na sua cidade. Abençoe a dedicação dos engenheiros, dos empresários e de todas as instituições envolvidas para que você pudesse ter a bênção do sinal da internet no seu computador.

Abençoe a confecção que produziu a sua calça jeans. Quantos funcionários são necessários para aquela indústria produzi-la? Quantas máquinas, quantos processos industriais de costura, corte e tingimento? Abençoe a iniciativa de todos os fabricantes de roupas do mundo. Que bom que eles existem!

Consagrar, reconhecer e valorizar o trabalho e a energia envolvida em cada produto ou serviço a que você tem acesso faz com que você abra o seu fluxo de prosperidade.

Você verá o seu mundo mudar quando começar a ver o valor em tudo, honrando e consagrando o esforço alheio com bastante carinho e consideração!

VAMOS AGIR?

ALGUMAS DICAS PARA VOCÊ FAZER AGORA, JÁ!

✔ Liste agora as três principais coisas que você mais odeia pagar. Depois analise com atenção e dedicação cada uma delas até encontrar elementos positivos. Enquanto não conseguir valorizar o que está pagando, enquanto não conseguir promover o merecimento que a conta paga tem, não desista. Faça para as três principais contas que você não gosta de pagar. Contudo, você deve olhar desta forma para tudo que se sentir mal em pagar. Precisará achar a verdade em cada conta para aprender a valorizar e respeitar o fluxo da prosperidade.

Contas que não gosto de pagar	Elementos positivos dessas contas

> ✔ Você não é maior que Deus! Você não entende todas as regras; portanto, na maioria dos casos, o máximo que você pode fazer é se resignar e até pedir forças para conseguir honrar as suas contas. Contudo, reclamar ou xingar é um erro terrível que mostrará o seu nível de imaturidade na magnetização do fluxo da abundância.
>
> IMPORTANTE: respeite todas as contas que surgem inesperadamente. Aprenda a compreendê-las com resignação e leveza. Procure sempre reconhecer os esforços e a energia despendida da parte que cobra a conta.

9. NÃO PERDOAR

Você não pode conviver com o sentimento de mágoa por alguém por muito tempo. Como já comentamos outras vezes, a prosperidade é uma lei, um fluxo, que por sua vez tem sua vibração própria. Nesse contexto, a frequência da mágoa simplesmente altera os polos do fluxo da prosperidade, o que fará você sofrer. É humano sentir mágoa ou raiva por alguém por dias ou até alguns meses, contudo, o sentimento precisa ser curado o mais breve possível, para que a prosperidade flua em sua vida.

Acima de tudo, perdoe-se!

Muitas pessoas até conseguem perdoar os outros, mas não aceitam os seus próprios erros. Quando a culpa e a mágoa entram por uma porta, a prosperidade sai por outra. O que passou, passou! Comece do zero se preciso for... Você é um eterno aprendiz. Não se culpe tanto, apenas aprenda com as experiências procurando fazer o melhor agora, para você e para ou outros. Absolva e absolva-se!

VAMOS AGIR?

ALGUMAS DICAS PARA VOCÊ FAZER AGORA, JÁ!

- ✓ Respire fundo, relaxe e pergunte a si mesmo: como seria a sua vida se todas as pessoas com as quais você convive não tivessem lhe perdoado por todos os seus erros, dos mais graves até os mais simples?

- ✓ Faça uma mentalização de agradecimento a todas as pessoas que já o perdoaram por seus erros.

IMPORTANTE: olhe para o passado e veja que os seus erros lhe ensinaram muito. Olhe para o futuro e saiba que os seus erros ainda lhe ensinarão muito. Se na sua vida os erros são fundamentais para construírem o seu caminho de evolução, na vida das outras pessoas também. Aprenda a conviver com o erro, contudo, procure fazer melhor cada nova tarefa, procure evoluir em cada nova situação ou atitude.

10. SENTIR CULPA DA PROSPERIDADE

Se o conhecimento sobre os aspectos envolvidos para a conquista da prosperidade fosse de fácil entendimento, a situação mundial seria bem diferente. Infelizmente, o ser humano ainda não se conscientizou de que, para conquistar uma vida plena, serão necessárias mudanças em muitos aspectos de sua consciência.

A capacidade de atrair prosperidade para a sua vida é diretamente proporcional à sua capacidade de expandir a sua consciência em todas as áreas da sua existência. Isso quer dizer que, para você magnetizar a prosperidade, precisará se reformar como ser, e reformar significa refazer a forma.

Analise com profundidade esta afirmação: *A falta ou a presença da prosperidade manifesta o nível de expansão da consciência da pessoa.*

A pobreza, a limitação e a escassez são medidas não pela ausência do dinheiro, da saúde ou da felicidade, mas pelo nível de consciência dela.

A prosperidade também não deve ser medida pela abundância material de uma pessoa, mas pelo estado de espírito.

A pobreza gera sofrimento, dor, limitação, medo, rebeldia, angústia, instabilidade, ambição, violência, separações, conflitos, desvios e erros. Muitas pessoas dizem, equivocadamente, que o dinheiro é sujo e que, para serem ricas, precisariam pisar nos menos favorecidos. Isso é um pensamento equivocado, que desvia a atenção da verdadeira causa do problema: a falta de amor e gratidão pela vida.

Somente o fato de você querer ter uma vida mais plena e livre já pode ser uma ação motivante para você reformar a sua consciência e conquistar a prosperidade. Se você quer comprar um carro e parar de andar a pé, ou se você quer pagar a faculdade do seu filho, você também já tem motivos de sobra para querer deixar de lado qualquer forma de pensar, sentir e agir que bloqueie o seu fluxo de abundância.

A prosperidade é o caminho natural da alma humana. Todo sofrimento, limitação e pobreza são sinalizadores de que a pessoa está errando. O maior pecado é a escassez, porque ela diminui o tamanho e as possibilidades da alma humana.

Não podemos mais pecar dessa forma (traduza como falhar) se já temos todas as possibilidades de começar um novo caminho.

O mundo está cheio de pessoas sofrendo na escassez e na limitação, mas não há nada injusto no processo, já que esse estado de espírito se configura como um aviso da Fonte Maior dizendo que a pessoa está agindo errado e que não está entendendo o propósito da sua existência. Por isso vem uma pergunta importante: *o que aconteceria se qualquer pessoa quisesse eliminar o sofrimento de alguém simplesmente oferecendo a ela uma grande quantidade de dinheiro?*

Você acha realmente que o sofrimento seria eliminado?

A resposta é que o sofrimento seria cessado apenas pelo tempo em que a quantidade de dinheiro dada fosse suficiente. E o motivo é simples: a causa não foi tratada. O motivo original do sofrimento não foi compreendido.

A limitação, a escassez e a pobreza são campos de energia de sofrimento que mostram a necessidade de aprendizado que a pessoa tem. Em outras palavras, neste caso, o sofrimento é a pedagogia correta para o aprendizado necessário.

Você nunca poderá tirar o sofrimento de uma pessoa ou querer privá-la desse sentimento. A única coisa que você poderá fazer é oferecer a ela algum elemento que a ajude a entender a causa do sofrimento. Você nunca pode "dar o peixe", mas você poderá "ensinar a pescar".

Quando o assunto é prosperidade, você nunca pode sofrer por assistir ao sofrimento alheio, pois dessa forma você está saindo do fluxo da prosperidade para acessar o fluxo da limitação e escassez. Aprenda a entender que a pessoa tem o aprendizado dela, e por isso o seu sofrimento ao ver a situação alheia jamais será uma opção de ajuda, consolo ou amparo.

Se você quiser amparar alguém que sofre pela limitação, você só poderá fazer duas coisas essenciais:

- Ensinar com o seu próprio exemplo.

- Ajudar a pessoa a se ajudar. Mostrar a ela o caminho que você usou e que mudou a sua vida. Você não poderá fazer por ela, apenas mostrar a sua receita.

Quando você sente culpa em usar uma roupa cara, em jantar em um restaurante caro, em comprar um carro do último modelo ou em investir um alto valor em um eletrônico, você não está ajudando ninguém.

Ache um caminho de caridade na sua vida. Pratique o dízimo[1], contribua para causas sociais, faça as suas doações, seja ativo na arte de ajudar, seja solidário e encontre um caminho equilibrado para participar com ações de doação, contudo, jamais alimente a miséria alheia.

---

[1] Dízimo: No contexto desta obra, o dízimo não está inserido em um contexto religioso. Significa separar um percentual de sua renda mensal e doar para quem precisa. Seja instituições de caridade, pessoas físicas, entidades, enfim, que você ajude com a sua renda a apoiar causas em que você acredita, simpatiza e confia.

Organize as suas contas. Saiba que você não pode preencher o vazio da sua alma plenamente e permanentemente com compras e bens materiais. Entretanto, saiba que, se você pode comprar, se está ao seu alcance, então você merece.

Quando você sente culpa ao comprar alguma coisa que tem condições de comprar, então você se desalinha com o fluxo da prosperidade, porque está dizendo para o universo que você não merece ter ou conquistar aquilo. Mas sabe o que é pior?

É que esse sentimento, tão comum nas pessoas, é uma forma de retaliação inconsciente que quer que você sinta a dor dos outros menos afortunados e que seja solidário a todos que sofrem com a escassez!

É isso que o seu inconsciente, infelizmente pouco treinado nas leis da prosperidade, procura fazer. Ele quer se nivelar aos sofredores para que você tenha emoções mais confortantes. Só que isso é um erro absurdo, porque, quando você diminui quem você é para ser aceito e para se sentir bem, paga um preço caríssimo, que é o de repelir a prosperidade e, ainda por cima, não ajudar ninguém realmente.

Jamais sinta culpa por desfrutar de coisas, situações e lugares que a prosperidade pode proporcionar. Você só terá aquilo que merece ter; portanto, se você estiver fazendo a coisa errada, as próprias leis do universo irão ajustar as situações e, por isso, não é você que precisará agir com alguma lei de compensação. Você também não tem como tirar o aprendizado ou o sofrimento alheio, você só pode inspirar as pessoas a começarem a se instruir, a se conscientizar e a fazer mudanças conscienciais necessárias.

Você precisa sentir que merece cada fato novo e abundante que o cerca, desde bens materiais de altíssimo valor agregado até situações que transbordam o cheiro delicioso da prosperidade. Quando isso acontecer naturalmente, saiba que tudo está certo e que o universo regula a harmonia desses processos com leis perfeitamente sincronizadas. Dessa forma, você não pode querer ser melhor que Deus e inventar as suas próprias regras.

Faça a sua parte e aceite o que vier como prova de que a abundância virá na mesma proporção que você merecer.

VAMOS AGIR?

ALGUMAS DICAS PARA VOCÊ FAZER AGORA, JÁ!

- ✓ Reflita: as suas doações são feitas com alegria e desprendimento ou são feitas principalmente com o objetivo de diminuir a sua dor ao ver a miséria alheia?

- ✓ Não faça doações quando o sentimento motivador for apenas o de dor. Procure encontrar um sentimento elevado para que você possa entender plenamente a consequência do seu ato.

- ✓ Ao ver o sofrimento de alguém por causa de sua escassez e limitação material, jamais entre no sofrimento da pessoa.

IMPORTANTE: para ajudar a eliminar a pobreza no mundo, a melhor coisa que você pode fazer é não se tornar pobre. Busque a prosperidade com comprometimento e disciplina que automaticamente os seus atos farão com que mais pessoas sejam ajudadas da forma correta.

11. GASTAR ANTES DE GANHAR E COMPRAR A PRAZO

Uma mensagem espiritual recebida por Bruno J. Gimenes

É sempre relevante fazer constantes reflexões sobre o bom uso do dinheiro. Ele é uma energia de troca muito importante, porque a sua falta ou o seu acúmulo exerce influências intensas sobre as emoções humanas. Realmente precisamos aprender a ter uma ótima relação com o dinheiro para sermos felizes na vida física, emocional, mental e espiritual.

Meditando sobre o assunto, procurando analisar mais os pormenores dessa relação entre o homem e seus recursos financeiros, mergulhamos em uma meditação consciente, em que nos mantínhamos o tempo todo com a mente muito serena e clara. Não demorou nada para que surgisse, em nossa tela mental, a imagem de uma entidade espiritual, que nos saudou e começou a discorrer sobre o tema. Além da satisfação e da emoção que sentimos ao ter esse incrível contato com um Grande Mestre, saboreamos com surpresa a sua explicação sobre o tema, que narraremos abaixo para facilitar o entendimento do texto. Então aquele ser explicou:

Não é novidade para ninguém que o dinheiro é uma forma de energia. Trata-se de um recurso que pode ser acumulado, desperdiçado ou usado com equilíbrio. O dinheiro é uma forma de fluido vital da dimensão terrena. Ele é utilizado para organizar os sistemas de trocas de bens e serviços entre as pessoas.

Os indivíduos trabalham nas mais diversas atividades, oferecendo esforços que serão retribuídos na forma de energia que é codificada por uma determinada quantidade de dinheiro.

No momento em que a energia de trabalho é convertida em unidades monetárias, ela deixa de ser uma força virtual ou eté-

rea e passa a ser material. Por isso, quando trocamos o trabalho por dinheiro, materializamos essa recompensa de esforços por unidades monetárias que podem ser usadas em outras diversas formas de trocas.

Essa contextualização sobre o papel do dinheiro na sociedade é importante para que se possa entender que tudo é troca e um constante fluxo de dar e receber.

O homem se perde no contexto da vida material, em sua relação com o dinheiro, quando começa a desejar em excesso, de forma demasiada e além das necessidades reais que todos têm. Todo excesso de desejos e o aumento da ambição requerem grandes quantidades de dinheiro acumulado para sustentarem essas carências que almejam o consumo constante de bens e serviços. E é aí que um caminho de escuridão na alma humana tem início, pois dá origem ao aparecimento de diversos problemas e, com eles, também surgem muitos sofrimentos e inferioridades na personalidade. Sempre que a ambição de uma pessoa for maior que a sua própria capacidade de converter trabalho e esforços em dinheiro, ela se tornará escrava de si mesma, porque viverá para alimentar seus desejos consumistas.

No Universo, em especial no planeta Terra, as energias naturais são constituídas pela combinação de duas energias opostas, de polaridades contrárias, que se complementam para dar origem ao equilíbrio. O yin e o yang, o sol e a lua, a noite e o dia, o frio e o calor, o homem e a mulher são faces de uma mesma força universal. Como todos os seres humanos estão inseridos dentro desse mesmo movimento universal, tudo que ocorre em sua vida também deve seguir o mesmo objetivo, o equilíbrio, caso contrário, jamais serão felizes, pois estarão em oposição às forças naturais que organizam a vida planetária. Na vida financeira de qualquer pessoa, essas leis naturais agem em igual teor.

Trocar esforços e trabalho apenas para acumular dinheiro fará com que esse fluxo fique desequilibrado e, com o passar do tempo, consequências negativas podem surgir na vida de qualquer pessoa. Da mesma forma, gastar mais dinheiro do que é possível obter também manifestará desequilíbrios. Em resumo, isso quer dizer que, quando uma pessoa tiver uma relação desequilibrada com suas finanças, esse desequilíbrio irá afetar também os demais aspectos conscienciais de sua vida. O desequilíbrio na vida financeira pode afetar uma pessoa nos seus aspectos espirituais, emocionais, mentais e físicos – em outras palavras, pode afetar de modo integral.

Infelizmente, os desequilíbrios na relação com o dinheiro têm-se mostrado como a causa número um para o aparecimento de crises, sofrimentos e doenças em toda a população mundial.

É por isso que a atenção a esse fato é tão necessária, porque crises financeiras podem afetar completamente a conexão do homem com Deus e, por consequência, com a sua própria essência interior.

É preciso desenvolver urgentemente uma relação mais saudável, e principalmente equilibrada, com o dinheiro. Esse fluxo de entrada e saída deve ser bem organizado, e as trocas precisam acontecer em uma razão de dar e receber sempre equilibradas.

Nesse panorama, as compras a prazo e, em especial, as feitas pelo cartão de crédito, porque crescem em número espantosamente a cada ano, necessitam ser bem pensadas. Quando alguém compra algo a prazo porque ainda não tem todos os recursos necessários para obtê-los à vista, essa pessoa emite e recebe, em sua aura, a vibração de um fluxo energético desequilibrado. Essa vibração, por consequência, desencadeará diversos outros acontecimentos negativos na vida de uma pessoa, sem que ela perceba o real motivo: desequilíbrio na relação com o dinheiro.

Quando alguém quer comprar algo a prazo porque não tem recursos suficientes para comprar à vista, isso significa de forma direta e objetiva, que a pessoa ainda não merece ter determinado bem ou serviço. Quando a pessoa ainda não tem todos os recursos de que necessita para comprar – ainda não merece obter – e, mesmo assim, ela decide comprar a prazo, pode-se dizer que é como se ela conquistasse algo que ainda não acumulou esforço de troca para receber. É uma espécie de dívida energética que fica impregnada na aura de quem compra o que ainda não pode pagar, pois ainda não existiu em tempo real.

Lendo esse texto, você pode até se espantar e dizer: "Mas se eu não fizer compras a prazo, então eu não conseguirei ter nada na vida!".

É normal o comentário, afinal não é um crime comprar a prazo, entretanto, queremos mostrar que essa prática pode ser uma fonte de desventura na vida de qualquer pessoa, principalmente nas que nem imaginam o poder negativo que as dívidas exercem.

O objetivo dessa reflexão é despertar a consciência para a importância de estabelecer uma boa relação com as finanças. As pessoas devem entender que tudo aquilo que é comprado com um dinheiro ainda não recebido, ao qual não foi dedicado esforço, pode resultar em influências negativas na vida.

Quanto mais o homem se conscientizar de que deve comprar apenas aquilo para o qual já tenha recursos suficientes, sem exageros e sem desequilíbrios, mais a prosperidade surgirá em sua vida, pois suas relações de trocas serão cada vez mais elevadas para níveis mais expandidos.

Comprar a prazo faz mal e afasta a prosperidade. É importante e sensato fazer um treino e fazer um teste para ver que a relação com o dinheiro tenha uma influência tão profunda na qualidade de vida de qualquer pessoa que em pouco tempo ela se perguntará o motivo de não ter percebido isso antes.

VAMOS AGIR?

ALGUMAS DICAS PARA VOCÊ FAZER AGORA, JÁ!

- ✓ Compre apenas o que você planejou comprar.

- ✓ Destine um valor para começar a construir o seu lastro. Comece ainda hoje, mesmo que você acumule apenas R$ 3 por semana.

- ✓ Não compre nada antes de respirar profundamente vinte vezes. Faça essa respiração com os olhos fechados e procure um local onde você não sofra interrupções. Essa prática leva de 5 a 10 minutos. Se após o exercício você ainda achar que deve efetuar a compra, você já estará ao menos livre do impulso de compra criado pela ansiedade rotineira.

- ✓ Por nenhum motivo no mundo deixe de acumular uma quantia mensalmente. Se você parar de acumular, você dará um sinal claro de escassez ao universo por meio da sua energia pessoal.

IMPORTANTE: o universo não se importa se você acumula R$ 3 ou R$ 300 semanalmente; ele apenas entende que você sabe organizar o seu fluxo para o crescimento da prosperidade, e não para o crescimento da escassez. Por isso, mesmo guardando pequenas quantias, você sentirá muita coisa mudando para melhor.

12. VER PARA CRER

Muitas pessoas dizem: "Serei feliz quando meus filhos forem para a faculdade", "Estarei feliz quando conseguir aquele emprego", "Serei feliz quando tiver aquele carro", "Serei feliz quando fizer aquela viagem", "Serei feliz quando conquistar aquela renda mensal", e assim por diante.

Alguém que pensa assim nunca conquistará o que quer! O motivo é simples: quando você determina condições como essas para que a felicidade venha e ainda não conquistou a meta, isso quer dizer que você está vibrando na frequência da carência, que é o sentimento de não ter. Quando você expressa essa emoção de escassez, de falta, que é o sentimento de não ter o que gostaria, então é isso que o universo vai te mandar, mais e mais. Mais situações para você se sentir escasso, mais coisas que façam você sentir carência e mais acontecimentos que façam você sentir a angústia do não ter.

Algumas pessoas dizem: "preciso ver para crer". Esse é um grave erro, pois você precisa crer para ver. Quando você fecha os olhos e mergulha em uma visão projetada da sua meta realizada e tem a sensação de como seria boa essa conquista, então você irradia ao universo a vibração adequada para obter o que deseja. Depois disso, você desenvolve o hábito de pensar e sentir a meta realizada e, dessa forma, consegue magnetizar mais acontecimentos e coisas que estejam em sintonia com o objetivo. A consequência é óbvia: em pouco tempo, o que você deseja será atraído para sua experiência de vida, portanto, você precisa imaginar e sentir primeiro, para depois manifestar.

O ver para crer é um grande erro, porque a lei da atração apenas responde ao que você pensa e sente. Se você aplicar em sua vida o crer para ver, não demorará e você começará a atrair coisas, situações ou pessoas para sua experiência que farão você se sentir plenamente o criador da sua própria realidade.

Pare tudo o que você está fazendo agora, relaxe, respire e imagine o filme do seu projeto de vida, em todos os seus detalhes. Sinta a alegria de experimentar as suas conquistas, imaginando que tudo está como você sonha. Perceba cada detalhe e sinta o amor, a realização e a alegria que brota de você. Faça isso para tudo que você quiser, por vários dias. Faça as visualizações de, no mínimo, cinco minutos, duas vezes ao dia, e os resultados o surpreenderão. Sinta, acredite e depois conquiste os seus objetivos, em outras palavras: creia para ter!

VAMOS AGIR?

ALGUMAS DICAS PARA VOCÊ FAZER AGORA, JÁ!

✔ Todos os dias, imagine o filme de como seria a sua vida plena, com as metas que você determinou conquistadas. Não pense em como conseguiu, apenas imagine que conseguiu e mergulhe nos sentimentos positivos de como seria a sua vida com tudo isso que você conquistou.

✔ Pare de dizer "eu não posso" para as coisas aparentemente impossíveis para o momento. Sempre diga: "se eu posso imaginar, então eu posso atrair". Depois disso, faça práticas diárias de visualização das suas metas realizadas, sem jamais pensar no "como".

IMPORTANTE: o ver para crer é um grande erro, porque a lei da atração apenas responde ao que você pensa e sente. Se você acha que não é possível, então assim será feito! Se você pode imaginar, então você pode manifestar.

13. NÃO QUEIRA TER PARA SER

Sempre que você transferir para o poder de conquistas materiais a fonte do seu sentimento de plenitude, você estará se tornando um escravo do dinheiro e dos bens materiais. O dinheiro é fundamental, mas é uma energia que precisa ser dominada, jamais dominar.

Quando você entende que somente tendo algo é que você será alguém na vida, então você permite que a sua autoestima seja dominada por seu ego, e a consequência é que você jamais se sentirá bem, pois sempre achará que precisa de mais alguma coisa para ser feliz, mesmo que você já tenha todas as posses imagináveis.

Pense em quantas vezes você se sentiu menor que outra pessoa simplesmente porque se comparou com ela. Comparou seus bens, suas posses, suas conquistas e feitos. Comparou as viagens que fez e as coisas que comprou. Se você faz isso com o olhar do seu ego, você se maltrata, se penaliza por nada.

Não se compare, nunca estabeleça uma competição com outras pessoas com base em suas potencialidades financeiras.

A única competição aceitável é aquela que você tem consigo mesmo, no sentido de querer ser uma pessoa melhor a cada dia. Se você não viver conectado à sua essência e verdade interior, ficará a vida inteira tentando "ter" para "ser" e, por causa deste grave erro, tenderá a cair no caminho da desilusão e do vazio da alma.

VAMOS AGIR?

ALGUMAS DICAS PARA VOCÊ FAZER AGORA, JÁ!

✓ Qual é a sensação predominante que está lhe trazendo tanta vontade de ter as coisas? Descubra qual é e trate de harmonizá-la.

✓ Concentre-se em perceber se a sensação de alegria das suas aquisições passa rapidamente. Se a resposta for sim, reflita sobre isso. Descubra um motivo maior pelo qual viver. Encontre mais formas de se doar a projetos pessoais e coletivos de maior valor para a alma.

IMPORTANTE: faça uma lista com a anotação das suas compras e conquistas materiais mais importantes. Dedique alguns minutos para agradecer por cada uma delas. Agradeça tudo que foi envolvido no processo da conquista, mas faça isso realmente entrando no sentimento de gratidão. Só pare depois de ficar pelo menos dez minutos nessa sintonia.

Quando você entende que somente tendo algo é que você será alguém na vida, então você permite que a sua autoestima seja dominada por seu ego, e a consequência é que você jamais se sentirá bem, pois sempre achará que precisa de mais alguma coisa para ser feliz, mesmo que você já tenha todas as posses imagináveis.

@brunojgimenes   @pat.candido

14. EGOÍSMO E FALTA DE DOAÇÃO

A energia da sua alma e da sua consciência é uma força alimentada por circuito aberto em constante troca com o Criador Maior ou a Fonte de Tudo.

Quando você está sintonizado na mágoa, você fecha esse circuito.

Quando você não se desliga do passado e fica vivendo a nostalgia constante das coisas que já se foram, você fecha esse circuito. Quem vive demais o passado não abre os caminhos para o futuro próspero.

Quando você acha que não pode e não deve ajudar ninguém, você fecha o circuito.

Quando você olha apenas para o seu umbigo, você fecha o circuito.

Quando você não se doa em nada, você fecha o circuito.

Quando você não doa nada, nem carinho, nem tempo, nem atenção, nem dinheiro, nem palavras de consideração, nem gratidão, nem alegria, você fecha o circuito.

O egoísmo, que é pensar apenas em si próprio, desconsiderando as pessoas e as coisas ao seu redor, é a atitude que mais desconecta você do fluxo da prosperidade. Embora o egoísta extremo aja assim por puro medo e desconfiança, na tentativa de se proteger da escassez, o que ele não sabe é que, com isso, atrai ainda mais escassez para a sua vida. É dando que se recebe ou é não dando que não se recebe.

O egoísmo é uma forma de fechar o fluxo da prosperidade, mas, se você quiser salvar o mundo, se você quiser se preocupar demais com os problemas do mundo e se você quiser ser amado e aprovado por todas as pessoas, então você também repelirá a prosperidade.

Você deve buscar o equilíbrio e saber que tudo tem o caminho do meio. O egoísmo é um problema, mas o lado oposto dele, que é o altruísmo descontrolado, também é, pois manifesta que a pessoa não se ama, não se cuida e não dedica tempo para ela. Você não pode dar o que não tem. Você só pode doar parte do que já possui. Se você tem R$ 300 na sua carteira, você pode usar uma parte para fazer o que quiser ou doar para o que quiser. Se você tem só R$ 10 também poderá separar uma parte, mesmo que seja muito pequena. Contudo, você não pode doar mais do que tiver destinado para a causa, pois, se fizer isso, não conquistará a prosperidade.

Doe um pouco do seu tempo, um pouco da sua habilidade específica em algo, um pouco do seu carinho, um pouco da sua paciência, um pouco da sua criatividade, um pouco da sua persistência, um pouco da sua alegria e um pouco de qualquer coisa que você tenha e que possa ajudar alguém. Entretanto lembre-se: pratique apenas o altruísmo consciente.

VAMOS AGIR?

ALGUMAS DICAS PARA VOCÊ FAZER AGORA, JÁ!

✓ Diariamente, encontre cinco minutos para dar atenção e amor às pessoas ao seu redor que estão precisando de um carinho ou uma palavra amiga. Fique presente integralmente na conversa, não se distraia, olhe a pessoa firmemente nos olhos, doando a sua boa intenção e energia positiva sem julgá-la.

✓ Todos os dias faça uma oração para ao menos três pessoas diferentes que você acha que precisem de ajuda, sejam elas amigas, parentes ou mesmo desconhecidas.

IMPORTANTE: você não pode se isolar do mundo e das pessoas; todavia, mesmo para fazer doações, você precisará ter sabedoria e discernimento.

15. ACHAR CULPADOS SEMPRE

É muito comum encontrarmos pessoas que estão vivendo conflitos intensos em seus relacionamentos e, em razão disso, estão vivendo momentos de profundo desequilíbrio emocional. Esses conflitos acabam abalando todos os aspectos de sua vida, como saúde, finanças, profissional, entre outros.

As reclamações mais recorrentes são:

- "O meu marido é muito pessimista e cético, assim não consigo evoluir."
- "A minha esposa é muito negativa e não quer evoluir, assim fica difícil."
- "Com o meu pai se comportando desse jeito, não tenho como resolver o problema, fica muito difícil."
- "Não dá, não dá! O preço das coisas aumentou muito!"
- "Não aguento mais pagar impostos."
- "Essa taxa é um roubo."
- "Quando chega essa época do ano, só trabalho para pagar contas, impostos e taxas! Não aguento mais."
- "Com a infância que tive e com a formação que tenho, fica difícil crescer na vida."
- "Já estou cansado para começar de novo."

Se fôssemos anotar neste texto todos os comentários que recebemos, faltaria espaço!

E onde está o erro? Essas pessoas estão mentindo? É mentira que esses problemas existem?

Não, não é mentira. Essas situações são comuns e ocorrentes na vida de todas as pessoas deste mundo, entretanto, a forma de lidar com tudo isso é muito equivocada.

Veja bem:

- ✓ Atraímos pessoas para nossa vida por laços de afinidade e laços cármicos negativos (porque o carma também pode ser positivo).

- ✓ No contexto da evolução espiritual e da missão da alma de cada ser humano, a missão das relações é produzir harmonização de sentimentos.

- ✓ Automaticamente, pela ação de mecanismos naturais, as pessoas são gatilhos que podem disparar as emoções ruins que viemos curar. Portanto, elas não são as causadoras das emoções negativas, mas apenas reveladoras dos aspectos negativos que já existiam.

O poder que você dá ao outro

O problema não é e nunca foi o que o outro faz e o seu conjunto de comportamentos, mas sim como você se sente em relação ao que o outro faz. A partir disso, a chave desse processo é deixar ou não que os sentimentos negativos aflorados lhe dominem negativamente.

As coisas que acontecem ao seu redor só terão o poder de diminuí-lo ou de afetá-lo se você deixar, portanto é você que dá vida a tudo que é bom ou ruim.

Neste contexto, quando alguém afirma que não consegue evoluir na prosperidade porque outra pessoa a influencia negativamente, revela que está sucumbindo ao sentimento aflorado e o quanto está se desviando da sua verdadeira responsabilidade, que é fazer o que precisa ser feito, e não colocar a culpa no outro. Em outras palavras, a pessoa externa só está aflorando um sentimento que já existia; ela não está causando, mas revelando uma reação emocional.

O foco é na cura das suas emoções, no tratamento profundo e dedicado das causas emocionais que surgem na sua personalidade.

A culpa é de quem?

O outro pode até ter comportamentos que não sejam sensatos e até condenáveis de acordo com o padrão moral médio de uma sociedade, mas a culpa nunca é de outra pessoa! Devemos entrar em contato com o sentimento negativo que uma pessoa pode ajudar a aflorar de dentro de nós e, com isso, agir no sentido de curá-lo ou, ao menos, amenizá-lo. Nunca é culpa do outro. Também nunca é culpa dos fatos externos, a não ser que você decida achar que é!

Colocar a culpa no próximo é determinar e anunciar que você não tem forças para se reinventar. As situações normalmente são desafiadoras, porque pedem que você tenha novas atitudes e que encontre forças para desenvolver a criatividade nas ações, no amor e na tolerância, sem sofrer com isso. Em outras palavras, são situações recheadas de "ciladas emocionais"; todavia, se a sua disposição para vencer o comodismo for grande, você certamente encontrará êxito!

O caminho é para dentro de cada um, na construção da autoestima, da conexão ampliada com a sua própria essência, na espiritualização e principalmente em encontrar e realizar a missão da sua alma, que é o propósito da sua existência.

@brunojgimenes   @pat.candido

VAMOS AGIR?

ALGUMAS DICAS PARA VOCÊ FAZER AGORA, JÁ!

✔ Ache a falha no seu comportamento que gerou a necessidade de culpar alguém. Foi medo, foi o comodismo, foi a falta de iniciativa, o que em você determinou o problema para o qual você está designando um culpado?

_____

_____

_____

_____

✔ Acabe com os culpados! Acabe com os vilões! Eles só existem porque você não está se comprometendo em fazer a sua parte.

✔ Lembre que tudo o que você vive hoje é o resultado da falta de limites que você deveria ter dado na época certa. Todos os nãos e limites que você deveria ter dito no passado criaram a sua situação atual, portanto não existem culpados ou vilões, mas o resultado das suas escolhas.

IMPORTANTE: nenhum problema que chega até você foi criado ao acaso. Ele sempre tem intimidade com a sua alma. Aprenda a olhar para cada problema com o olhar de um aluno interessado em uma lição interessante da vida. Quando você descobre a lição relacionada ao problema, ele simplesmente desaparecerá da sua vida.

Para finalizar, anote seus principais *insights* sobre esse ponto:

16. QUERER SER SALVO

Temos um problema instalado no DNA humano: a ideia do salvador. O que isso significa?

Que temos a crença de que somos vítimas – afinal, quem é que precisa de um salvador? Só uma pessoa indefesa, não é mesmo?

Quem precisa de um salvador é alguém que está em apuros... É alguém dependente... É alguém que não dá conta das coisas...

Você pode até achar que estamos forçando a barra e que isso não é verdade, mas continue lendo para entender.

Conscientemente, você até pode achar que não tem a necessidade de um salvador, não precisa que alguém conquiste uma vida melhor por você, bem como não culpa ninguém por seus problemas, mas na prática tudo é diferente.

Primeiro, porque a nossa alma reserva segredos que não estão manifestados na mente consciente, ou seja, as nossas maiores crenças negativas são inconscientes. Em outras palavras, são as nossas carências inconscientes que promovem esse jeito de pensar.

Segundo, porque somos seres de pouca fé e nos esquecemos de que temos a capacidade de criar a nossa realidade com base no que pensamos e sentimos. A lei da atração magnética nos diz que manifestamos em nossa vida a essência dos nossos pensamentos e sentimentos. Para concluir, podemos afirmar que, se você tem essa postura diante da vida, por consequência da lei da atração, irá sempre atrair situações difíceis em que precisará de um salvador. O problema é que isso é um condicionamento mental.

Atitudes que diminuem a sua força

Você coloca muita esperança na eleição do próximo vereador, prefeito, governador, deputado ou presidente da república?

Você acha que a culpa dos problemas financeiros da sua vida é dos altos impostos, das altas taxas e do seu alto custo de vida?

Você acha que ainda não ficou rico porque o mercado está em um momento financeiro ruim? Você acha que ainda não é feliz, não tem paz e não encontrou a plenitude porque o seu marido é uma pessoa muito complicada? Ou a sua esposa é um desafio na sua vida? Você acha que a sua vida só é como é porque você teve uma infância difícil? Você acha que a sua vida pessoal vai melhorar quando aquela situação acontecer?

Quando você acha que alguém deve fazer você ser feliz, então você mudou a fé de lugar...

Quando você acha que, com o novo prefeito, as coisas vão melhorar e se enche de esperança por isso, você retirou a força do seu poder pessoal e passou para alguém externo.

Quando você acha que a responsabilidade dos seus estudos é do seu professor, você permite que o seu poder de aprender seja enfraquecido.

Quando você acha que a sua evolução espiritual é responsabilidade do padre, do pastor ou do líder espiritual que você segue, então você regride.

Quando você acha que Jesus vem salvá-lo, então você já está condenado...

Você é 100% responsável

Você precisa viver em sociedade e desenvolver parcerias saudáveis, mas saiba que a única pessoa em quem você pode confiar 100% é em você.

Não deposite as esperanças de uma vida melhor em um chefe, em um cônjuge, em um filho ou em qualquer pessoa que seja. Simplesmente porque, quando você faz isso, você manda um sinal energético para o universo abdicando do seu poder pessoal de criador de sua realidade.

Faça uma análise sincera da sua vida. Em quais áreas está colocando a culpa da infelicidade em outra pessoa? Em quais áreas está colocando esperanças sobre alguém que não é você?

Quando você espera demais de coisas ou pessoas externas, você as sobrecarrega com projeções ilusórias e dá início a processos emocionais completamente tóxicos.

Vivemos entre os nossos irmãos, precisando uns dos outros para viver melhor, contudo isso não significa que podemos ceder o nosso poder de sermos quem somos em essência. Esse é o nosso genuíno poder pessoal, portanto, ele deve estar dentro de cada um, e não fora!

Viver a missão da sua alma: esse é o ponto!

Quando você espera que façam por você, você não vive a missão da sua alma. Quando você não vive a missão da sua alma, a sua aura fica enfraquecida, a sua alegria de viver é drenada e você dá entrada para o vazio consciencial que corrói a alma humana. Entretanto, quando você se lembra de que somos seres espirituais vivendo em corpos materiais, que estamos todos interligados e que somos portadores de um poder de criação sem igual, nesse instante, você se torna o líder da sua vida, o arquiteto do seu destino, ou melhor, o criador da sua realidade.

Desejamos que você se concentre em ver e sentir o poder que você tem de mudar a sua realidade e que você possa dar incríveis saltos no sentido da sua evolução, prosperidade e plenitude. Todavia, entenda que, para ter prosperidade, você precisará antes entender que tudo é energia, tudo é fluxo, tudo é amor. Uma vez que você consegue compreender os seus papéis na vida e que também consegue fazer o que a sua essência quer que você faça, você conquista a sua prosperidade.

Lembre-se: prosperidade é a união da abundância material e financeira somada à paz de espírito e à plenitude. Prosperidade é o sentimento que lhe oferece a liberdade genuína.

VAMOS AGIR?

ALGUMAS DICAS PARA VOCÊ FAZER AGORA, JÁ!

✔ Nem o prefeito, nem seu pai, nem sua mãe, nem seu marido, nem sua esposa e muito menos Jesus ou outro Grande Mestre podem te salvar! Você é o seu salvador! Portanto, olhe para cada problema atual da sua vida e faça as seguintes afirmações:

"Eu atraio a solução perfeita."

"Eu tenho poder sobre todas as coisas que me acontecem, eu escolho pelo bem, pelo amor e pela serenidade."

"Eu atraio bênçãos constantes, pois a minha caminhada é muito amparada pela força do Bem Maior."

"Eu sempre fui levado a caminhos de compreensão."

IMPORTANTE: a única pessoa em quem você pode confiar 100% é você.

Ponto de avaliação

Exercício 1: teste de comportamento prosperidade material

Para que você possa cada vez mais mergulhar no fluxo da prosperidade, é fundamental que comece a perceber os erros que comete e, a partir disso, desenvolver novas atitudes.

Como a prosperidade é um fluxo de energia, trata-se de uma força sutil que, por consequência, é muito sensível aos condicionamentos mentais. Para resumir, quando você aplica pequenas mudanças nas suas atitudes, já começa a colher resultados visíveis no fluxo da sua prosperidade.

Este teste foi criado especialmente para avaliar a forma como você vive a sua vida financeira e material. Avalie-se e aprenda a reconhecer seus erros para que sejam substituídos por novas atitudes.

As suas atitudes atraem prosperidade?

Avalie seu comportamento quanto às diversas situações do seu dia a dia, que podem revelar se seus hábitos estão favoráveis ou contrários à conquista de um estilo de vida próspero e saudável financeiramente.

Seja sincero, reflita bastante antes de assinalar cada alternativa e surpreenda-se com o resultado. No final, some os pontos e veja o resultado. Boa sorte!

Vamos ao teste:

1. **Você costuma economizar dinheiro todos os meses?**

a Não, nunca.

b Às vezes.

c Sim, todo mês.

2. **Você ganha menos do que gasta?**

a Sim, todo mês eu fico no vermelho.

b O que eu ganho paga apenas as minhas contas, raramente me sobra algo.

c Eu sempre gasto menos do que ganho, portanto sempre consigo guardar alguma quantia.

3. **O que motiva você a comprar?**

a Novidades, pois amo lançamentos e coisas novas, mesmo que não sejam essenciais para mim.

b A vontade ou desejo de adquirir um bem específico, que vai me alegrar.

c As necessidades reais, aquilo que preciso e que me faz muita falta.

4. **Você compra a prazo:**

a Sempre.

b Quando não tenho como comprar à vista.

c Nunca. Eu sempre evito fazer parcelas.

5. **O que normalmente desequilibra mais o seu fluxo financeiro mensal?**

   a Gastos gerais passam do limite, como diversão, roupas, alimentos, combustível, luz, água, telefone etc.

   b Uma conta imprevista, como por exemplo a manutenção da casa, do carro etc.

   c Normalmente tenho reservas para essas ocorrências.

6. **Como é o seu controle financeiro pessoal?**

   a Não controlo meu fluxo financeiro. Vou vivendo como dá.

   b É moderado, procuro controlar as entradas e saídas, mas sem muito rigor.

   c Rigoroso, anoto tudo, não fujo do planejado, não gasto além do limite.

7. **Você planeja seu futuro financeiro?**

   a Não penso no futuro, vou vivendo um dia por vez, porque o amanhã a Deus pertence.

   b Sim, penso no futuro, mas ainda não consegui me organizar para ter uma vida financeira saudável em médio e longo prazo.

   c Sim, economizo sempre que possível, fazendo uma reserva, focando em investimentos para ter um futuro saudável financeiramente.

8. **Você investe na sua instrução financeira?**

   a Não tenho o hábito, procuro usar mesmo minhas noções internas para lidar com finanças.

   b Às vezes procuro informações na TV, nos jornais e outros.

   c Sim, leio livros, jornais, revistas, participo de cursos, acesso sites sobre o tema para ficar sempre informado e capacitado para administrar minha vida financeira.

9. **Quando você passa por um período de crise financeira, você:**

   a Segue a vida normalmente, sem se preocupar, pois sabe que pode pagar as dívidas que se acumulam, afinal o que mais importa é a sua qualidade de vida.

   b Procura se moldar à crise, gasta menos, evita desperdícios, mas não deixa de fazer o que gosta, e assim vai vivendo até que uma fase melhor venha.

   c Corta todos os gastos que forem necessários para manter a receita maior que a despesa, mesmo que isso envolva se desapegar de bens de consumo, hábitos e rotinas.

10. **Quando você quer comprar algo novo, que lhe tenha chamado a atenção e que realmente lhe interesse, você:**

    a Compra parcelado, pois hoje em dia o crédito está muito facilitado.

    b Compra somente se vier um dinheiro extra do trabalho, como prêmios, décimo terceiro, liberação de fundo de garantia etc.

c. Coloca como meta e planeja sua vida com o intuito de conseguir dinheiro para viabilizar seu sonho.

11. Quando você não se sente bem, está triste e chateado, sem ânimo ou depressivo, você:

a. Compra mais, vai a restaurantes, vai ao cinema ou outro entretenimento para se distrair e esquecer dos problemas.

b. Fica em casa, se lamenta ou se isola, esperando a fase ruim passar, afinal o tempo cura tudo.

c. Vai ler, estudar, tentar mudar o foco, encontrar gente e oportunidades novas.

12. Quando você quer comprar algo e não pode, o que você faz?

a. Dou um jeito, pego dinheiro emprestado, aperto o orçamento, financio, parcelo.

b. Fico chateado, triste ou desanimado.

c. Deixo para outra oportunidade, avalio com a razão se o que quero comprar é realmente importante para mim e, caso seja, faço um planejamento para obter no futuro.

13. Por qual motivo você gostaria de ter bastante dinheiro, ser rico ou milionário?

a. Para nunca mais ter que trabalhar duro, passar fome, ter necessidades, nem ter que me submeter aos caprichos das pessoas mais bem-sucedidas.

b Porque poderei ser mais aceito na sociedade, ser mais bem visto entre parentes e amigos.

c Porque dinheiro me traz liberdade, que traz ilimitadas possibilidades de ter paz e ser feliz.

14. Em sua opinião, qual seria a principal causa da falta de prosperidade material na sua vida?

a Não tenho conseguido prosperar, porque me faltam chances. Não tenho recebido melhores ofertas de emprego, a economia não esteve favorável a mim nos últimos tempos, não tenho tido sorte nas minhas empreitadas.

b Não acho que dinheiro seja assim tão importante. Existem muitas outras coisas na vida que estão à frente das questões financeiras, como amor, saúde e família. Minha prioridade não é o dinheiro.

c Acho que a causa principal está no meu comodismo ou na falta de ação para mudar e construir uma nova realidade.

15. Na sua vida financeira e material, você sabe objetivamente o que quer?

a Não penso nisso, trabalho e vivo a minha vida tentando ser feliz, deixando as coisas acontecerem.

b Eu tenho minhas metas em meu pensamento e vou tentando, na medida do possível, conquistá-las.

c Tenho foco constante nas minhas metas materiais e financeiras, sou muito dedicado em cumprir sempre o meu planejamento, pois quero ser rico, próspero, para que o dinheiro me proporcione expansão e liberdade.

Resultado

Para calcular seu resultado, some a pontuação das suas respostas, sendo que:

a = 0 ponto

b = 1 ponto

c = 3 pontos

De 0 a 12 pontos

Seu comportamento é nocivo e incoerente. Se você ainda não é uma pessoa debilitada financeiramente, com dívidas e pendências por todos os lados, é só uma questão de tempo, porque seus atos revelam um desequilíbrio muito grande no campo da prosperidade material e financeira. Faça uma revolução na sua vida, organize-se, seja mais racional e faça o que tiver de ser feito para remodelar seu jeito de lidar com as finanças.

De 13 a 24 pontos

Seu comportamento é inconsequente, porque pode proporcionar graves danos na sua vida financeira/material. Seu fluxo financeiro é negativo, tornando você propenso a adquirir dívidas e ter uma vida material limitada. Organize-se, planeje e cumpra suas metas, aprenda a gastar menos do que ganha, a economizar e perceber que você pode mudar a sua realidade no momento em que for mais disciplinado na área das finanças.

De 25 a 36 pontos

Você dá sinais claros de que está em alinhamento com um estilo de vida mais próspero e responsável. Sua vida financeira, caso ainda não esteja bem resolvida, está próxima dessa conquista. Continue investindo em hábitos saudáveis na sua vida material/financeira.

De 37 a 45 pontos

Você é um exemplo a seguir, pois, agindo assim, seu futuro dentro do aspecto material está organizado para lhe trazer felicidade e paz. Você é potencialmente livre e materialmente independente e vive uma vida cheia de possibilidades de sucesso.

Conclusões sobre o teste

Os resultados obtidos nesse teste não devem ser utilizados de forma definitiva, mas como alerta para comportamentos negativos que podem ser revisados a fim de conquistar uma vida material mais próspera e abundante de recursos. Esse material não tem a pretensão de julgar os erros de cada um, mas simplesmente estimular a percepção de que simples atitudes podem fazer a diferença na vida de qualquer pessoa.

PARTE 3
O caminho para a conexão com a prosperidade

Sucesso é sorte?

Muita gente diz que felicidade é sorte e que a prosperidade é para os que nasceram em berço de ouro. Vamos esclarecer:

Sucesso é escolha de cada um.
Prosperidade é escolha de cada um.
O fracasso é questão de escolha.
Privação ou prosperidade também.

É claro que muitas pessoas podem contrariar essa afirmação dizendo que não é bem assim que as coisas acontecem, que a vida não é tão simples e que o mundo é um lugar em que é difícil viver. Também concordamos que a prosperidade não é fácil de ser alcançada. Entretanto, existe um caminho composto por pensamentos, sentimentos e principalmente atitudes organizadas com o intuito de conquistá-la. Além disso, a grande barreira que impede que mais pessoas encontrem a prosperidade desejada é a determinação em seguir este conjunto de comportamentos que estão em alinhamento com as leis naturais, simplesmente porque dá bastante trabalho e exige muito empenho.

Você precisa entender que, se você ainda não conquistou a prosperidade, é porque ainda não percebeu alguns erros que está cometendo, os quais têm influências muito mais profundas do que você pode imaginar.

Sucesso é conquistar o que se deseja, é alcançar as suas metas, os seus sonhos, é atingir os seus objetivos. Logo, o que para você pode significar sucesso, para outras pessoas pode significar fracasso. Entretanto, neste caso, vamos deixar bem claro que sucesso na prosperidade é conquistar saúde em todos os níveis, abundância material e plenitude, que é um estado de espírito feliz e livre.

Neste capítulo, citaremos diversos aspectos que interferem diretamente na sua prosperidade. Se você souber organizar essas lições em sua vida, aplicando-as com disciplina e dedicação, você sentirá a sua conexão com a prosperidade aumentar significativamente. Vamos às lições:

1. DEFINA O QUE É SUCESSO PARA VOCÊ!

Anote no espaço a seguir o que é sucesso na sua vida e por que você considera sucesso. Defina claramente a sua visão de sucesso. Exemplos:

- ✔ Sucesso é ter saúde perfeita, uma renda mensal xx, um patrimônio acumulado de xx, um relacionamento conjugal que aquece o meu coração, viajar uma vez por ano para fora do Brasil e ainda ver meus filhos se formando na faculdade.

- ✔ Sucesso para mim é saber que o meu trabalho é importante e que eu posso fazer o que quiser, pois tenho liberdade de ir e vir.

✔ Sucesso é ter poder. É saber que gosto da vida que tenho. É saber que gosto de ser quem eu sou.

---

2. ESCLAREÇA AS MOTIVAÇÕES QUE VOCÊ TEM PARA CONQUISTAR O SUCESSO!

Anote quais sensações o sucesso vai gerar em sua vida. Escreva como você se sentirá com o sucesso e quanto você se sentirá bem em conquistá-lo. Deixe muito clara e definida a lista de sentimentos e emoções que você sentirá com a conquista do sucesso. Mergulhe nessa viagem de sentir como seria. Tenha a atenção de anotar as motivações bem definidas e claras. Os pensamentos e os sentimentos relacionados à conquista do sucesso devem ser bem precisos, objetivos e convincentes.

---

3. FAÇA O SENTIMENTO DE PAZ E ALEGRIA CRESCER DENTRO DE VOCÊ!

A conquista da prosperidade é o entendimento da lei da abundância. Esta lei regula a sua prosperidade da mesma forma que o clima e as condições do solo regulam o desenvolvimento da agricultura.

Você precisa saber fertilizar o seu solo e regar a semente na medida certa. Além disso, precisará aprender a viver em sintonia com as leis naturais. Isso é o mesmo que comparar com a força da luz solar atuando sobre a energia da vida: essa luz não pode ser bloqueada, ela precisa agir. Você decide o que planta, do que cuida e o que colhe.

Saiba que a prosperidade tem ligação direta com o sentimento de gratidão, bem-estar, alegria e fé na vida. A prosperidade é germinada e desenvolvida em meio a essas energias. Se você aduba o seu solo e rega a sua semente com os elementos errados, você age no sentido contrário ao da lei da abundância. É como se o clima ficasse descontrolado, com geadas, secas e furacões.

Chegou o momento em que o homem, em razão do seu novo nível de consciência e entendimento, precisa saber que não será possível conquistar a prosperidade se antes ele não conquistar o estado de alegria pela vida, pela sua existência, pelas coisas simples, pelos amigos e por sua existência sublime.

4. PENSE DIFERENTE DA MAIORIA DAS PESSOAS

As pessoas prósperas constroem a condição de prosperidade porque pensam, sentem e agem de forma diferente da maioria das pessoas. Elas não são levadas pelas emoções desenfreadas e pelos desequilíbrios gerados pela carência, pelo medo nem pelo sentimento de baixa autoestima. Elas não ficam tentando encontrar um lugar ao sol desesperadamente ou a qualquer custo. Também não ficam obcecadas pela ideia de serem aceitas por um grupo social ou reconhecidas pelo seu poder financeiro. Elas simplesmente têm um olhar crítico que é diferente do olhar da maioria das pessoas, mas, acima de tudo, elas se gostam, elas se aprovam e estão de bem consigo mesmas.

Podemos dizer que uma pessoa próspera é uma ovelha negra, porque tem um conjunto de comportamentos muito diferente dos comportamentos da grande massa. E, por essa condição, muitas vezes podem se mostrar estranhas ou antissociais perante a maioria. No entanto, elas são focadas em seus propósitos e, por isso, buscam os seus próprios caminhos.

Você não precisa ser excêntrico para ser próspero, mas precisa fazer o que tem de ser feito, e, desde que não faça mal a outras pessoas, precisa agir, independentemente da aprovação alheia ou do julgamento de terceiros.

Uma pessoa próspera domina suas emoções negativas, alimentando a força visionária da intuição. Ela não espera que as coisas aconteçam; ela se atira na direção dos seus ideais e se dedica fielmente ao seu plano de ação para ser feliz.

Pessoas buscadoras da prosperidade são comprometidas com elas mesmas. Querem a felicidade, querem a abundância material e querem a liberdade que todo esse fluxo pode gerar. E por isso mesmo não ficam presas a grupos sociais se esses não são saudáveis, não ficam presas à família se os laços não são leves e amorosos, não ficam presas a negócios que não aumentam o seu estado de plenitude.

Você poderá trancar o seu fluxo de prosperidade quando quiser encontrar a aprovação das pessoas a cada novo passo seu na direção do caminho que você vislumbra. Por isso, o caminho da prosperidade, o do autoconhecimento e o da dedicação ao desenvolvimento pessoal são o mesmo.

Uma pessoa próspera encontra a si própria antes de encontrar a prosperidade!

Uma pessoa próspera domina suas emoções negativas, alimentando a força visionária da intuição. Ela não espera que as coisas aconteçam; ela se atira na direção dos seus ideais e se dedica fielmente ao seu plano de ação para ser feliz.

@brunojgimenes   @pat.candido

A visão interna que ela tem é de realizar a sua missão pessoal, porque assim ela se tornará uma árvore forte e saudável, que, consequentemente, irá gerar ótimos frutos.

As pessoas pobres e escassas só pensam em dinheiro.

Infelizmente, as pessoas pobres e escassas costumam julgar os mais abastados dizendo que um rico só pensa em dinheiro. Todavia, isso é uma grande mentira. São os pobres que só pensam em dinheiro! São as pessoas de sentimentos escassos que só pensam no dinheiro.

É simples de explicar.

Uma pessoa com mentalidade escassa, a qualquer ato, a qualquer ação questiona o fator dinheiro. "Eu não tenho dinheiro para comprar esse carro", "Eu não posso pagar essa conta agora", "Eu não posso comprar isso agora", "Quanto será que ficará a conta do restaurante?", "Não sei se conseguirei pagar a mensalidade no final do mês", "Não sei se terei dinheiro para comprar aquela roupa", "Não poderei viajar esse ano, pois o dinheiro está curto".

As pessoas prósperas vivem as suas vidas com foco em outras coisas também. Elas não dedicam tanto tempo pensando se têm ou não dinheiro para fazer o que precisam fazer, e este é o ponto!

Você precisa cuidar bem de você, viver a missão da sua alma, buscar o autoconhecimento, o desenvolvimento pessoal e espiritual constante, porque, se assim for, a prosperidade virá até você.

O encontro entre uma pessoa e a prosperidade não acontece ao acaso ou por um golpe de sorte, mas é um encontro muito bem programado e planejado. E, para conseguir conquistar a sua prosperidade, você terá de ser diferente, porque precisará ser guiado por seus valores internos.

5. DEFINA BEM AS SUAS METAS E SAIBA ESPERAR

Todo ser humano precisa ter em sua mente as metas que deseja conquistar, mantendo-se frequentemente ligado a uma visão de futuro com a qual sonha, que almeja e gostaria muito que acontecesse. Essa prática traz um direcionamento para a energia da mente humana, que, por consequência da lei da atração, faz com que problemas e situações negativas sejam evitados.

A maioria das pessoas que vive envolvida em mares de problemas, em geral, é mais ligada ao presente e poucas delas têm suas metas bem definidas, guardadas em suas mentes. Ter metas pessoais é saber estar imune às negatividades corriqueiras da vida, pois tudo é uma questão de sintonia, já que semelhante atrai semelhante.

Entretanto, um erro comum também acontece entre aqueles que dizem preservar constantemente suas metas pessoais bem definidas: a ansiedade e o não saber esperar.

Precisamos, sim, ter nossas metas de vida bem definidas, para um futuro próximo ou mais distante, de preferência precisamos escrevê-las, desenhá-las e fazer de tudo para ficarmos cada vez mais próximos de sua realização; entretanto, temos de adquirir a sabedoria para compreender que tudo tem o tempo certo para acontecer. Existe tempo para tudo, para plantar e para colher, para trabalhar e para descansar, para rir e para chorar, para dar e para receber, e assim por diante.

Em muitos casos, desejamos algo de forma tão intensa que, sem perceber, mergulhamos em um sentimento de dor, de carência e, consequentemente, de medo. Ter metas na mente é ter confiança e jamais se perder na falha de não saber esperar.

Quando as coisas estão amadurecendo ao nosso redor e se ajustando para que aquilo que plantamos no passado seja colhido, então naturalmente percebemos que tudo está maduro e que realmente é a hora de acontecer. O grave erro que cometemos é de sermos tão ansiosos a ponto de não perceber que esse não saber esperar faz com que grandes negatividades surjam em nossas vidas, porque é como se você quisesse colher a fruta que está verde.

Preste muita atenção à sua vida. Pode ser que você não tenha problema algum e que nada de errado esteja acontecendo, mas que as coisas ainda não estejam maduras para que os seus sonhos se realizem. Quando você perceber isso, poderá viver muito mais feliz, poderá também pensar em novas estratégias para conseguir o que quer e, acima de tudo, deverá reinventar-se para sentir alegria no caminho a ser percorrido para a conquista dos seus objetivos, e não somente quando ele estiver concluído e a meta alcançada.

Mais uma vez, a gratidão é o segredo! Ser grato por tudo, por todos, a cada instante fará de você uma pessoa mais feliz e serena. Sinta gratidão pela vida, pelas milhares de bênçãos que você tem e nem percebe. É fácil, simples e faz uma revolução positiva na vida de qualquer um, porque ajuda a pessoa a entender melhor que tudo tem o tempo certo para acontecer.

6. ENTENDA O DINHEIRO COMO UMA ENERGIA DE POSSIBILIDADES

Você precisa entender, acima de qualquer coisa, que o dinheiro é uma energia de possibilidades. Ele possibilita trocas que geram movimentos, que por consequência geram outros movimentos, e assim sucessivamente.

Por assim dizer, o dinheiro que flui em grande quantidade está associado a um fluxo de energia que está aberto, crescente e livre.

O que tranca esse fluxo? O que impede que uma pessoa seja próspera e que tenha uma vida material plena?

É exatamente o que ela pensa e sente sobre ela mesma e sobre a vida, somado ao conjunto de comportamentos e ações que ela tem. Por isso, sempre que pensar no dinheiro, pense também na sensação de poder que ele lhe gera. Poder de decidir se quer fazer aquele projeto agora ou se vai esperar, se deseja comprar aquele carro agora ou não, poder para ajudar alguém que precisa, poder para mudar muitas coisas na sua vida, poder para fazer o que tem de ser feito sem se sentir refém.

Em pleno século XXI, escutamos por aí que as pessoas são livres para ir em vir, mas isso é uma grande mentira, pois que liberdade é essa em que a pessoa se vê obrigada a aguentar a falta de educação de outrem porque ele é o seu empregador, em um serviço que faz o seu sustento? Que liberdade é essa em que uma pessoa não pode apreciar a sua diversão favorita por causa da limitação de renda mensal? Que liberdade é essa que faz você morrer de medo ao ver as contas chegando no começo do mês?

Quando você tem essa energia acumulada em grandes quantidades, essa energia que chamamos de dinheiro, você cria um estado de espírito que aumenta a sua confiança e fé na vida, aumenta a sua alegria e prazer em viver e lhe mostra que o mundo pode ser muito mais bem aproveitado.

Essa é a energia de possibilidades que o dinheiro oferece. Pense sempre nisso antes de falar qualquer "asneira" a respeito do dinheiro. O dinheiro é uma invenção de Deus! O problema nunca foi o dinheiro, mas o nosso comportamento com relação a ele.

7. VIVA NO AZUL

Jamais adquira o hábito de viver no vermelho. Você precisa criar o hábito de construir um saudável lastro financeiro. Você já tem o seu?

Resumidamente, o lastro é uma quantidade de dinheiro guardada que não tem nenhum objetivo senão este: ser um lastro.

Quando o assunto são as leis naturais da prosperidade, o lastro atua como um campo de força que atrai o fluxo da abundância financeira em sua direção. Da mesma forma, as dívidas e as contas em excesso e desequilibradas atraem o lado negativo do fluxo.

Portanto, viver no azul é imprescindível.

Pratique a lei da economia! Nunca, jamais, de maneira alguma, gaste mais do que você ganha. Tenha a disciplina de sempre reservar um percentual de não menos de 10% da sua renda para acumular em seu lastro. Você também deve salvar dinheiro diariamente com objetivos diversos, como: comprar um carro, fazer uma viagem, ingressar em um curso ou simplesmente se divertir.

Planeje a forma como você se manterá sempre no azul. Viver no vermelho é inverter o fluxo da lei da prosperidade. Mesmo assim, é escolha de cada um, pois a prosperidade financeira não se mede pela quantidade de dinheiro que se movimenta dentro de um período, mas pela capacidade de acumular uma parte do todo.

Nota: a maior parte das pessoas que tivemos a oportunidade de orientar conseguiu fazer uma revolução positiva em suas vidas simplesmente aplicando o conceito da lei da economia e de jamais viver no vermelho.

Como vencer a escravidão pelas dívidas

O direito da liberdade é algo que devemos conservar com todas as forças e com total atenção. Entretanto, que liberdade tem uma pessoa que está com diversas dívidas, prestações, financiamentos e empréstimos para honrar?

Será mesmo que uma pessoa que tem uma renda elevada, mas a utiliza por completo, com contas e mais contas, é próspera e saudável financeiramente?

E se você parasse de trabalhar hoje, por quanto tempo você resistiria financeiramente, com base em suas reservas, até encontrar outra fonte de renda?

Recomendamos que você pare um pouco e analise essa questão de forma bem ampla e adulta. O mundo atual está estruturado para estimular o consumo. Estamos todos recebendo uma chuva de informações, nas mais diferentes formas de mídia, que nos fazem acreditar que, sem adquirir, fazer, comprar, mudar, inovar, reformar, reciclar, não seremos felizes.

Estamos inseridos num sistema de vida no qual a ambição para comprar um carro melhor, uma casa maior, um sapato mais bonito, uma "TV mais fininha" está presente em proporções muito superiores em relação às que poderíamos considerar equilibradas.

Somos escravos... Escravos das nossas ansiedades, escravos das nossas emoções negativas, em especial da carência e da baixa autoestima, que nos fazem consumir tanto para conquistar a ilusória sensação de poder e confiança.

Muitas pessoas não concordam quando escrevemos textos como esse e logo saem dizendo que, sem fazer contas, parcelamentos, financiamentos, não conseguem nada na vida. Continuamos respeitando a opinião de todos, mas nem por isso deixamos de expor aqui uma lei que precisamos dominar: a lei da economia.

Neste momento, avalie esses aspectos:

- ✓ Pesquisas já apontaram que aproximadamente 70% dos divórcios em casais que já estão juntos há pelo menos cinco anos acontecem por influência de questões financeiras mal resolvidas.

- ✓ Nos hospitais, as filas de atendimentos, os leitos e as salas de cirurgia estão repletas de pessoas mal resolvidas em suas finanças e escravas das dívidas.

- As brigas entre sócios e amigos de trabalho são promovidas em mais de 70% em função do dinheiro.
- A maioria dos casos de suicídio do mundo está relacionada a problemas financeiros.
- As pessoas se prostituem por dinheiro.
- As pessoas se corrompem por dinheiro.
- As pessoas matam por dinheiro.
- As famílias ficam em desarmonia pela falta de dinheiro.
- A falta de dinheiro traz medo, ansiedade e leva ao estresse.

Definitivamente, quem não paga as contas e não honra os compromissos não é uma pessoa livre. E o pior, pelo grau de estímulo para consumir em que estamos inseridos, a esmagadora maioria da população está endividada.

Falando de lei da atração (você atrai para sua vida coisas, pessoas e acontecimentos em sintonia com aquilo que você pensa e sente), uma pessoa endividada naturalmente atrairá mais dívidas ou situações para as contas aumentarem.

Quando falo de dívida, não me refiro apenas a uma conta em aberto. Em especial me refiro à prática de comprar aquilo que ainda nem se tem o dinheiro para pagar. De forma mais específica, podemos dizer que, às vezes, a compra de algo foi feita sem que a pessoa tenha trabalhado para ganhar o valor referente, já que ainda nem sabe se estará presente no seu trabalho, nos sucessivos dias que serão necessários para a quitação da conta.

Viver assim é construir ao redor de si um campo energético de dívidas e, como já falado, pela lei da atração, dívidas atraem mais situações de dívidas. Logo, o contrário é verdadeiro: dinheiro também atrai mais dinheiro – por isso, se você souber reservar economias para construir o seu lastro, um campo de prosperidade será formado ao seu redor.

A lei da economia

Na vida financeira de uma pessoa, o que determina seu sucesso não é necessariamente quanto ela ganha, mas como ela administra a relação entre despesas e receitas. O segredo é, sempre foi e sempre será: gastar menos do que se possa ganhar. Isso é a lei da economia.

Ouvimos muita gente dizer que não consegue economizar nem um real por mês. Entendo que de 3% a 7% da população brasileira ainda tenha muita dificuldade de economizar. Todavia, se você está lendo esse livro, afirmamos, sem medo de ser determinista, que você não faz parte desse grupo. Então, movimente-se! Comece agora a praticar a lei da economia com responsabilidade.

Você tem economias? Você tem o hábito de economizar todos os meses?

Se a sua resposta for não, então acorde, desperte e conscientize-se de que você está sucumbindo à escravidão pelas dívidas, em menor ou maior grau, mas está. Mude já! Faça as mudanças necessárias, talvez nem todas nesse momento, mas alguma coisa pode ser feita imediatamente.

Nos seminários que ministramos, é comum ouvirmos o seguinte comentário:

"Não vejo sentido em economizar se o que eu posso guardar é tão pouco!"

Eis um erro grave, porque economizar é um hábito e, por isso, é a atitude que mais conta, pelo menos no começo. Entenda que, se você aprender a economizar R$ 12 reais por mês, você poderá desenvolver maneiras de multiplicar por muitas vezes esse valor ao longo da vida. Então, mãos à obra! Comece a economizar, a guardar um pouco de dinheiro, nem que seja R$ 3 por semana (ou, quem sabe, R$ 3.000). Com essa simples prática, você formará um campo de prosperidade em sua vida e, sem demora, começará a encontrar novas fontes de renda. Ao longo do tempo, você será mais próspero, mais feliz e, na nossa opinião, o que é mais importante: será mais livre também! Além disso, será um exemplo a ser seguido, sem contar que terá muito mais força para realizar seu projetos.

Não importa a fase em que está a sua vida financeira, ou os seus negócios, seu trabalho ou renda: você pode economizar.

Não importa o tamanho do problema a que você está submetido atualmente, você pode economizar. Esse sempre foi o caminho da redenção e do sucesso financeiro.

O mais importante: dedique tempo integral para cuidar das suas emoções de forma correta, adequada e saudável, pois, se você não oferecer o cuidado que esse aspecto requer, certamente carências e baixa autoestima devorarão a sua renda, sua conta bancária e tudo mais, sem dó e nem piedade.

Aprenda a ser quem você é sem a necessidade de ter ou comprar algo. Respire e seja racional nos seus hábitos de consumo, porque, se não for assim, você certamente será mais um nas estatísticas de pessoas escravizadas pelas dívidas.

Liberte-se e tudo mudará em sua vida!

8. ANALISE OS SEUS ERROS PASSADOS, APRENDA COM AS EXPERIÊNCIAS E OS ESQUEÇA

Faça uma avaliação minuciosa sobre o seu comportamento no passado. Procure definir resumidamente quais foram os seus erros. Em quais áreas você deveria ter agido de forma diferente? Em quais aspectos você precisa estabelecer mudanças?

Conheça muito bem os seus erros do passado para adquirir experiências valiosas no presente. No entanto, entenda: você deve apenas aprender com os erros, jamais ficar se penalizando por conta dos acontecimentos do passado.

Com base na sua análise, determine as contramedidas necessárias para acertar no futuro e driblar as adversidades. Defina claramente essas contramedidas e as escreva no espaço a seguir.

_____

_____

_____

Jamais se prenda à dor provocada pelos erros. Limpe-se totalmente da influência negativa do passado, pois, se você ficar apegado a ele, sua vida não fluirá. Perdoe os seus erros, aceite as decisões equivocadas e se inspire para fazer melhor a partir de agora.

9. PERDOE

Perdoar e ser perdoado faz com que a sua vida flua bem e, por consequência, você se organize. Organização é a capacidade de abrir os fluxos da sua vida em todas as áreas.

Analise com sinceridade a sua vida e todas as experiências que viveu na família, nos relacionamentos conjugais ou com os amigos, no trabalho e em outras áreas de que você se lembrar. Depois, faça uma lista das pessoas que você precisa perdoar. Em seguida, faça a mesma coisa com as pessoas para quem você precisa pedir perdão. Depois que conseguir organizar a sua lista, siga em frente fazendo a sua parte de perdoar e pedir perdão, pessoa por pessoa. Você poderá fazer contato com elas por e-mail, telefone, carta, redes sociais, presencialmente ou até mentalmente. Nesta última técnica, você imagina que está diante da pessoa e fala mentalmente com ela sobre o seu sentimento.

Pessoas que preciso perdoar

Pessoas para quem preciso pedir perdão

É possível que você tenha poucas pessoas para perdoar ou para ser perdoado, mas entenda que essa prática é uma das mais importantes nesse processo. Outro detalhe importante é que às vezes as situações de perdão são pequenas e, aparentemente, não representam quase nada na sua vida. Esqueça isso, faça a sua parte mesmo para pequenos casos em que exista a necessidade de perdoar ou pedir perdão.

Se você não conseguir fazer isso sozinho, encontre ajuda em livros especializados, ajuda de um profissional terapeuta ou de um caminho espiritual.

10. ORGANIZE A SUA VIDA

Organização é o alicerce do sucesso. Você não poderá conquistar sucesso se não estiver organizado para ele. Cada nível de sucesso exige um nível de preparo equivalente, mas uma coisa é certa: é a organização mental para o sucesso que determinará as suas vitórias.

Para isso, algumas questões básicas são necessárias:

Organize as suas finanças e pratique a lei da economia. Se você tem muitas contas para pagar e até dívidas do passado para sanar, arregace as mangas e busque um acordo financeiro, reparcele, refinancie e cumpra o que combinou.

Corte os gastos desnecessários. Compre apenas o que pode pagar, prometa apenas o que pode cumprir e faça apenas aquilo que estiver ao seu alcance e dentro de um comportamento financeiro de equilíbrio. Reconheça as suas limitações financeiras e respeite-as!

Imediatamente comece a praticar a lei da economia, que se baseia em jamais gastar mais do que você pode ganhar. Além disso, economize no mínimo 10% da sua renda mensal em uma poupança, que deve ser mantida apenas para reserva financeira, a qual não tem o objetivo de ser utilizada. Caso você tenha outros objetivos pessoais, como realizar uma viagem ou comprar um carro, então aprenda a economizar dinheiro separadamente para cada objetivo. A sua meta número um é organizar suas finanças e fazer uma reserva, independentemente da sua renda mensal.

Defina claramente as suas metas. Com base nas suas definições de sucesso, determine quais serão as suas principais metas para criar condições de conquistar esse sucesso.

As metas precisam estar bem claras e definidas. Se você definiu que comprar uma casa é uma meta importante para você, esclareça em detalhes o tamanho, a cor, os aspectos específicos desse objetivo. Jamais torne a meta um pensamento vago.

Anote detalhadamente as suas metas. Se alguém lhe perguntar quais são as suas metas, você precisa conseguir explicá-las em três minutos no máximo. E, quando dizemos explicá-las, não é somente falar detalhadamente o que você quer, mas também ter a capacidade de visualizar na sua tela mental cada uma das suas metas se realizando. Esse é um treino que vale a pena, não exige habilidade especial, mas uma pequena disciplina de imaginar as metas realizadas pelo menos duas vezes por dia, sem exceção.

Anote no espaço a seguir as suas metas:

_____
_____
_____
_____
_____
_____
_____
_____
_____
_____
_____

Para ter certeza de que as nossas metas estão bem definidas, temos por objetivo analisar a capacidade de estruturar mentalmente os detalhes de cada uma delas. Pensamos uma por uma, meta por meta, criando claramente os detalhes delas. Enquanto não conseguimos fazer isso com facilidade, compreendemos que o poder de ativação da meta ainda não está criado.

As leis naturais trabalharão a nosso favor se soubermos nos alinhar a elas. Um exemplo é a lei da atração magnética, a qual diz: você manifesta na sua vida a essência dos seus pensamentos e sentimentos. Se você quiser ajuda dessa lei natural para atingir as suas metas e conquistar o seu sucesso, então saiba estruturar em detalhes a projeção mental do que seria cada uma das suas metas realizadas.

Elimine da sua vida objetos e coisas estagnadas. Limpe suas gavetas, elimine objetos inúteis, doe roupas, acessórios, móveis e outras coisas que não lhe sejam mais úteis. Venda coisas velhas que ainda sejam interessantes para outras pessoas. Faça as coisas circularem. Todas as coisas têm energia, as quais não podem ficar estagnadas na atmosfera da sua vida.

Mantenha consigo apenas o que for útil e sensato. Quando você fizer uma limpeza nessa área, muitas coisas começarão a fluir melhor na sua vida.

Faça uma auditoria nas suas coisas, roupas, móveis, objetos e outros utensílios. Analise criteriosamente o que deve ou não ser eliminado da sua vida. Depois disso, usando o bom senso, determine o que deve ser doado, vendido, mais bem alocado ou organizado.

Organize o caminho; a mente precisa entender o que ela vai materializar. A prosperidade é um fluxo de energia e, como tal, desenvolve-se com base em leis naturais. A energia cósmica, livre, solta e dispersa, presente no universo, toca a entidade pensante que é o homem. Esse acontecimento faz com que a energia passe de seu estado livre para o magnetizado. É esse novo estado da energia que faz com que a materialidade ocorra na forma que conhecemos. Tudo que existe no mundo material teve sua origem no plano mental. Contudo, para que as formas adquiram contornos perfeitos, curvas simétricas na sintonia do criador maior, você precisará fazer certo esforço: o seu pensamento precisará ser preciso.

Você tem de imaginar antes para realizar depois. Qualquer que seja o sonho de prosperidade que você tenha, antes entenda que você precisará desenhá-lo detalhadamente em sua mente. Você precisará enxergá-lo com um altíssimo nível de nitidez.

Para isso, determine as suas metas futuras com a ajuda de datas, números, nomes, locais, quantidades. Confira a sua visão futura de prosperidade com elementos que materializem os acontecimentos. Quanto você quer acumular? Quando? Onde?

_____

_____

_____

_____

_____

Ideias claras trazem materializações mais próximas do perfeito. Ideias confusas ou dispersas materializarão situações igualmente confusas, dispersas, ou simplesmente adiarão muito a realização do seu ideal de prosperidade.

Prepare o recipiente para armazenar a prosperidade. Imagine que um casal vai ganhar um novo filho. Então, o que acontece? Eles preparam o quarto do bebê. Imagine que você receberá visita na sua casa. Então, o que você faz? Prepara um café, organiza melhor a sua casa e capricha no jantar!

Você decide ir para a praia no final de semana. Então, o que você faz? Arruma as roupas corretas, como trajes de banho, protetor solar, toalha etc.

Pois bem, para a prosperidade é a mesma coisa. Você só poderá abrigá-la em sua vida se estiver pensando na melhor forma de recebê-la.

Se você for à praia no fim de semana com a roupa do seu trabalho formal de executivo em uma empresa, certamente não se sentirá bem. Se você receber mal uma visita em sua casa, certamente ela não voltará mais.

E o que acontecerá se você não souber acolher bem a prosperidade quando ela surgir?

Ela não se abrigará na sua vida. Simples assim.

E é por isso que você precisa saber organizar a sua embalagem, que, nesse caso, é a sua consciência, para que você consiga armazenar parte desse fluxo, que é a prosperidade.

Organize a embalagem para poder armazenar o líquido. Você não conseguirá acumular uma grande quantidade de líquido em suas mãos. Você precisará de uma embalagem especial para isso. A prosperidade precisa encontrar morada na sua vida. Você já está pronto para ela?

Elimine os pensamentos escassos, tais como:

"Eu não sei se posso."

Substitua por "vou planejar um jeito", "talvez" ou "vou apenas adiar por mais algum tempo" (determine o quanto).

"Isso está muito caro."

Substitua por: "não é prioridade para mim" ou "não estou disposto a oferecer esse valor para este momento, é uma escolha apenas".

"Isso é uma injustiça!"

Substitua por: "preciso entender o motivo disso". Eu entendo que tudo tem um motivo e nesse caso não é diferente.

10. SEMPRE DETERMINE UM VALOR MATERIAL PARA A PROSPERIDADE

Em termos gerais, não é possível a prosperidade sem que haja a combinação da plenitude e da abundância material, principalmente para o estilo de vida no Ocidente.

Quando se trata de bens materiais, há um indicador que avisará o seu nível de possibilidades: o dinheiro.

Você precisará adquirir domínio na habilidade de lidar com o dinheiro. Isso implica em ter toda atenção, dedicação e interesse, mas também ter desapego e caridade.

O dinheiro deve ser visto como uma energia de possibilidades, como uma força de realização. Se você o domina, então você poderá fazer muitas coisas, mais e melhor do que se não tivesse dinheiro. Contudo, se você se esquecer da sua missão na vida, da sua natureza espiritual e da necessidade de evoluir espiritualmente a cada instante, poderá ficar fascinado pelo poder material que o dinheiro pode oferecer.

Tenha tanto dinheiro quanto as suas emoções souberem dominá-lo para serviço do seu bem e do bem maior!

11. DÊ UM NÚMERO PARA O SEU NÍVEL DE PROSPERIDADE

Você precisa organizar os números da prosperidade. Se você não escrever agora o quanto quer acumular na poupança, o quanto quer fazer de renda mensal, o quanto quer lucrar naquele negócio, o quanto quer receber naquela empreitada, a energia de realização ficará dispersa em sua vida. Em outras palavras, o fluxo da abundância não assumirá forma material em sua existência.

Neste exato momento determine um número ousado para a sua futura realidade material. Escreva principalmente:

Qual renda mensal você quer?

_____

Qual lastro acumulado em dinheiro você quer?

_____

Quais bens materiais de alto valor você quer (casa, carro, terrenos, investimentos etc.)?

_____

Escreva esses itens, dando a eles números e metas, assim você terá muito mais força para conquistá-los. Sem metas numéricas bem conhecidas, você não conhecerá os ganhos futuros. A prosperidade exige que você dê um nível a ela e este nível acontece com base nos números que você cria para cada meta material.

Além disso, repense as suas crenças: se alguém lhe disser que você é rico, o que você pensa? O que você sente?

_____

_____

_____

_____

12. PRATIQUE PERIODICAMENTE O DESCANSO MENTAL

Você não conseguirá organizar a sua mente se não souber descansá-la. A intenção clara dos seus objetivos é um dos princípios mais importantes na conquista do sucesso. Entretanto, com o estresse mental, você não conseguirá exercer seu poder.

Descanso mental inclui você se desligar de tudo que pode estimular a agitação mental, como celulares, computadores, leitura, televisão, entre outros.

Você pode usar ioga, meditação ou técnicas que produzam o mesmo resultado de descanso mental e equilíbrio das energias corpóreas. Uma prática de respiração simples aplicada durante cinco minutos, feita três vezes ao dia, pode transformar completamente a forma como você vê a vida. Entretanto, existe um aspecto deste item que você não pode ignorar: você deve aprender a descansar bem a mente todos os dias. É uma prática que não tira férias, e com o tempo você perceberá o quanto ela é vital.

Quando você começar a aplicar esse processo de descanso mental em sua vida, com o tempo perceberá que é tão importante quanto fazer a sua higiene pessoal ou mesmo se alimentar: você não conseguirá ficar sem.

Uma mente confusa pelo excesso de trabalho, preocupações e afazeres jamais conseguirá ter a força e a organização necessária para conquistar seus objetivos e mantê-los em desenvolvimento ao longo da sua vida. Muitos conseguem chegar a níveis avançados de conquistas, mas, depois disso, se perdem e se desequilibram por causa do aumento do tráfego mental ocasionado pela necessidade de dar conta de mais atributos.

Saber encontrar momentos de descanso mental durante o dia é uma tarefa simples, mas muito complicada ao mesmo tempo. Simples porque não requer técnicas complicadas ou de longa duração. E difíceis porque a mente, quanto mais estimulada, mais difícil de ser domada. Uma mente agitada e preocupada comanda as ações da pessoa no sentido de manter o foco total nas preocupações, e este é o erro, pois provoca um efeito hipnótico negativo. No efeito hipnose, a mente não desliga do foco e, por mais que você tente pensar em outra coisa, ela não deixa, então você se cansa muito mais, perde criatividade, torna-se crítico, pessimista e angustiado. Em outras palavras, dá passos largos para construir o seu fracasso.

14. RECONHEÇA-SE COMO UM SER ESPIRITUAL E ENTENDA O SEU PROPÓSITO

Você tem uma missão na Terra, que é evoluir, curar as suas emoções negativas, aprender a pensar positivamente, elevar o seu padrão moral e a sua felicidade. Você também tem a missão de gerar bons exemplos e de aprender a criar harmonia nos seus relacionamentos. Toda a vida física do ser humano está estruturada para que esse propósito se realize. Uma vez que a vida de uma pessoa caminha no sentido desse desenvolvimento, naturalmente seus dons começam a aflorar. Quando os dons começam a surgir, a força da alma do ser humano se mostra ao mundo e, nesse instante, a vida faz sentido.

Para você conseguir viver sua vida de forma plena, precisará se reconhecer como um ser espiritual em busca desse desenvolvimento, porque, assim, as suas metas lhe trarão felicidade e plenitude. Muitas pessoas se lamentam, pois, mesmo depois de terem conquistado suas metas, se mantiveram com o sentimento de vazio interno. Em outras palavras, se você não souber alinhar os seus objetivos de sucesso com a sua essência espiritual e com o propósito da sua alma, ao conquistar o que quer, não terá a sensação do sucesso, pois ainda perceberá que falta algo em seu ser.

15. DÊ MAIS DO QUE ESPERAM DE VOCÊ

Sempre, em todos os casos, ofereça mais do que se espera em seu trabalho ou em suas atividades. Dê mais do que é pago para fazer.

Sempre que você desequilibra o fluxo para o lado positivo, para o lado do amor e do bem maior, você receberá o contrafluxo. Se você faz apenas o que lhe pedem, faz apenas o que foi pago para fazer, dificilmente irá prosperar!

Em qual área da sua vida você poderia estar dando mais de si? Como andam as suas tarefas diárias? Você tem aplicado mais atenção às suas tarefas ou tem feito de forma mediana?

Quanto valor você tem agregado ao serviço que faz? Um valor comum ou um valor potencializado por sua intenção positiva e sua vontade de ser feliz e ajudar mais pessoas junto?

16. ESQUEÇAS AS JUSTIFICATIVAS; ENTERRE-AS!

Não existem vítimas, nem o governo é o culpado, nem o seu chefe, nem o clima, tampouco a violência dos dias atuais. Você manifesta para a sua vida a essência dos seus pensamentos e sentimentos, é simples assim. As justificativas para o seu insucesso são como as críticas e as lamentações: elas fazem você fortalecer cada vez mais o seu lado sombra.

Ao achar uma justificativa para algo ruim na sua vida, imediatamente dê um jeito de enterrá-la e mudar a sua forma de pensar. Depois, avalie com sinceridade e leveza quais são os seus erros, trace um plano para consertá-los e siga em frente!

As pessoas sofredoras, fracassadas, escassas são mestres em justificativas. Elas nunca estão erradas, mas sempre encontram culpados, sem perceber o quanto esse comportamento alimenta os problemas em sua vida.

17. APLIQUE A FÓRMULA MÁGICA: A GRATIDÃO

Se, por um lado, reclamações, críticas e justificativas levam os projetos de conquista de sucesso para o buraco, por outro, a gratidão é o ingrediente especial, a fórmula mágica para você conquistar sempre mais e, acima de tudo, gostar do que conquistou.

Logo ao acordar pela manhã, concentre-se em anotar as situações, coisas ou pessoas pelas quais você é grato. Faça isso escrevendo item por item, entrando em sintonia com a bênção que é ter o que você tem, viver as experiências que vive e conquistar o que conquistou. Mergulhe nessa alegria diariamente.

As pessoas sofredoras, fracassadas, escassas são mestres em justificativas. Elas nunca estão erradas, mas sempre encontram culpados, sem perceber o quanto esse comportamento alimenta os problemas em sua vida.

@brunojgimenes @pat.candido

Além disso, desenvolva o hábito de contemplar as coisas. Alegre-se pela beleza do copo em que você bebe água. Agradeça profundamente a consideração de um amigo que o convidou para um jantar em sua casa. Quando ganhar um presente de alguém, olhe em seus olhos de modo profundo e reverencie a sua bondade em considerá-lo a ponto de comprar um presente. Sinta-se a mais feliz das pessoas por ganhar esse presente.

Elogie e contemple a qualidade das pessoas ao seu redor, na sua família, no seu trabalho ou entre os seus amigos. Pense em cada pessoa próxima a você como uma bênção. Tire alguns minutos para se concentrar apenas nas qualidades das pessoas ao seu redor.

Quando algum prestador de serviço atendê-lo com algo de que você precisa muito, expresse sua gratidão por aquela pessoa existir. Ao dirigir em uma estrada, contemple a bênção que é poder dirigir com tranquilidade. Em uma noite de frio, agradeça com o coração cheio de amor a bênção de um cobertor quente, de um bom banho ou de um lar aconchegante.

Se algo não vai muito bem no seu almoço, no seu dia de trabalho ou na conversa que está tendo, procure algo em que você possa encontrar pontos positivos e se concentre nisso até que a sua energia pessoal melhore.

Agindo assim, você não fica alienado, tampouco ignora os problemas do mundo, mas simplesmente decide se sintonizar com acontecimentos que continuem a lhe trazer, de forma sucessiva, mais situações pelas quais você sentirá gratidão em ter ou experimentar.

Crie um mecanismo para jamais se esquecer de fazer essa prática. Coloque o seu celular para despertar duas vezes ao dia com o lembrete da gratidão; escreva, em seu diário ou agenda, tudo pelo qual você é grato. Deixe um lembrete na cabeceira da cama ou crie o seu próprio sistema. O importante é você manter essa prática regularmente.

18. TENHA CUIDADO COM AS INTERFERÊNCIAS

Não deixe que opiniões alheias, críticas de pessoas próximas e julgamentos da sociedade enfraqueçam os seus sonhos. Mantenha a sua sintonia na ética, na integridade e nos valores morais elevados, mas saiba se esquivar dos manipuladores.

Os manipuladores são pessoas quase sempre portadoras de boas intenções, entretanto, querem que você se comporte da maneira como acham melhor. Em outras palavras, o seu comprometimento para fazer mudanças e para obter o sucesso tem o costume de causar desconforto nas pessoas ao seu redor. Para evitar esse desconforto natural, muitas pessoas vão tentar manipulá-lo mental e emocionalmente. Cuidado, pois esse assédio muitas vezes é sutil e silencioso, mas muito impactante. Acredite nos seus sonhos e siga a sua programação para o sucesso!

19. COMPROMETA-SE COM A PROSPERIDADE

Você não sairá da posição em que se encontra se não se comprometer plenamente com os objetivos que estabeleceu. É aqui que a maioria das pessoas derrapa, porque, para você obter o sucesso, terá de conquistar novos patamares, e isso nunca foi tarefa fácil – o ser humano tem tendência natural ao comodismo. Buscar o sucesso é saber que você deverá dar tudo de si para vencer essas forças que fazem de tudo para você permanecer onde está.

Você será questionado por todos, inclusive pelas pessoas mais próximas, que você mais ama.

Você será combatido, criticado, enfrentado e até ridicularizado em alguns casos.

Você sentirá vontade de desistir, porque gosta de ser amado e aceito pela sociedade em que vive. O preço de ser criticado e julgado é muito caro, então você provavelmente terá a tendência de se diminuir em seus sonhos, suas metas e seus objetivos, apenas para ser aceito em seu meio comum.

Respeite as pessoas, saiba ser criticado e aprenda a ser julgado, porque somente assim você conseguirá subir novos patamares. Nesse momento você só terá como apoio a sua força, persistência e visão interna das metas. Sustente sempre a sua visão mental das metas e você superará com mais facilidade esses desafios.

É por isso que o comprometimento, na nossa opinião, é o pilar principal da conquista do sucesso, porque uma pessoa comprometida com as suas metas nunca desiste. Ela trabalha dobrado se for preciso, ela estuda mais, ela descansa menos, e faz o que tiver de ser feito para seus objetivos se concretizarem. Em outras palavras, ela sai definitivamente da letal zona de conforto.

Infelizmente, a maioria das pessoas que consegue se comprometer com o sucesso assim o fazem porque experimentaram períodos terríveis de sofrimento, fracasso e frustração, que a habilitaram a se envolver com o sucesso de forma muito profunda. É por isso que vemos com grande frequência que muitas pessoas, antes de alcançarem o sucesso, experimentaram o fracasso, a amargura, a angústia, a carência, a doença, a depressão, a falência, entre outras.

Infelizmente, a dor tem a capacidade de forjar em muitas pessoas a virtude do comprometimento. Entretanto, a chama que nasce no coração de uma pessoa que visualiza a sua meta realizada é tão forte que, se ela se dedicar a sustentar essa visão todos os dias, não necessitará de um período de sofrimento para se motivar e se comprometer com o sucesso. A chama da possibilidade de um futuro melhor e de sucesso é uma força poderosa na alma dos visionários. Seja um visionário, organize-se, projete as suas metas mentalmente e siga o caminho a que essa visão o levar, etapa por etapa.

Por último, queremos lembrar que a maior dificuldade não é criar programas de conquistas de metas e planejamento para sucesso que sejam eficazes. Felizmente, no mundo em que vivemos atualmente, existem milhares de profissionais ensinando técnicas poderosas e caminhos que facilitam o processo, entretanto, o pilar central não é o método utilizado para a conquista do sucesso, mas o comprometimento daquele que se diz interessado em obtê-lo.

Não desperdice o seu tempo nesse programa se você não estiver comprometido a fazer bem feita a sua parte, pois, se não for assim, você não irá encontrar resultados positivos e, sinceramente, desperdiçará o seu tempo, o seu dinheiro e a sua energia. Tenha uma conversa especial, franca e direta com a sua alma para analisar se esse é o seu momento. Se não for, não continue; faça outra coisa para a qual você esteja com o seu grau de interesse mais elevado. Por isso, responda às questões abaixo e avalie.

- Você está disposto a se sacrificar para realizar os seus sonhos?

- Você está disposto a trabalhar quatorze, dezesseis ou dezoito horas por dia na busca e manutenção desses sonhos?

- Está disposto a fazer tudo o que precisar ser feito para construir o seu sucesso?

- Está disposto a se privar de certos prazeres, confortos, comodismos e conveniências para se empenhar plenamente na conquista desses objetivos?

20. SINTA A FORÇA DE MOTIVAÇÃO COMO CONSEQUÊNCIA DO SEU ALINHAMENTO

Quando você começar a aplicar com regularidade os passos citados anteriormente, começará a perceber que a vontade de conquistar o sucesso fará parte das suas células. Você sentirá que o seu coração pulsa na frequência das suas metas, você sentirá um calor interno alimentando-o e uma motivação extra para seguir movendo-se na busca dos seus sonhos.

Essa energia é vital na conquista do sucesso. Portanto, para você conseguir mantê-la forte, precisará fazer bem os passos citados anteriormente. Essa força de motivação é uma consequência da sua disciplina e do seu comprometimento. Caso você ainda não esteja sentindo essa força logo depois de uma semana de práticas ou até menos, podemos dizer que você não está realizando corretamente alguma tarefa citada. Contudo, se você estiver fazendo bem feita a sua parte, com entrega e comprometimento, certamente estará sentindo uma energia de expectativa positiva, de alegria, de prosperidade. Você está se sentindo como uma criança feliz porque ganhou o brinquedo com que tanto sonhara. Quando você se sentir assim, prepare-se, pois testemunhará acontecimentos milagrosos na sua vida!

O sucesso dará sinais de que você está no caminho certo, portanto, é só seguir em frente!

21. APRENDA A ORGANIZAR O SEU TEMPO E AS SUAS PRIORIDADES

Até mesmo os maiores visionários do século passado jamais poderiam ter imaginado que a nossa vida nos dias atuais se tornaria tão corrida, tão agitada e principalmente tão alvejada de informações – grande parte em tempo real –, provenientes das mais diversas mídias. A interatividade e o entretenimento assumiram proporções bastante expressivas nesta era de tecnologias avançadas, o que realmente está agitando os nossos cérebros.

A atmosfera de informações que vivemos em um dia, do ponto de vista de quantidade de informações oferecidas a uma pessoa, não seria possível nem se acumulássemos cinco anos, se considerássemos como referência a década de 1990.

Atualmente, as informações em *bytes* que uma criança de oito anos já recebeu só eram conseguidas com oitenta anos de idade se considerássemos a década de 1970.

Antigamente, a escola representava mais de 50% de toda a informação que uma criança absorvia, ou seja, o que ela via no ensino fundamental significava mais da metade dos aprendizados básicos que ela tinha. Hoje, pesquisas mostram que esse número já é menor que 8%. Em outras palavras, 92% de tudo o que uma criança experimenta como cultura, informação e absorção de conteúdos têm origens distintas da escola. Além disso, as redes sociais estão mudando a forma como as pessoas interagem umas com as outras, bem como a forma de existir em sociedade.

É com essa incrível mudança de paradigma, comportamento e hábitos que temos de lidar quando o assunto é organização de tempo, priorização de atividades e, especialmente, o desenvolvimento de talentos.

Entretanto, será que, em meio a essa atmosfera densa de informações de toda a espécie, você está realmente achando tempo para fazer aquilo de que a sua alma precisa? E os seus talentos, você já os conhece? E, se conhece, já está se beneficiando de seus potenciais? Está vivendo a sua vida com foco nessas potencialidades?

É provável que, assim como a maioria das pessoas neste mundo, você esteja se confundindo em meio às inúmeras tarefas e informações que surgem na sua rotina, e, o que é pior, também é provável que você não esteja vivendo o melhor que pode viver. E, se você estiver vivendo assim, provavelmente estará arcando com consequências bem conhecidas.

As principais delas são:

- **Excesso de cansaço físico e mental**

Você frequentemente se vê em um estado letárgico, com a mente dispersa, com pensamentos vagos e com a mente acelerada, mesmo que o corpo não esteja no mesmo ritmo.

- **Efeito nota 5**

Você deixa de ter brilho nos olhos, perde energia para fazer o que realmente importa e tudo que lhe faz bem. Dessa forma também não utiliza os seus talentos e acaba se tornando uma pessoa sem grandes diferenciais.

- **Sentimento de incapacidade**

Você começa a deixar de lado os seus sonhos, as suas metas e a sua ideologia de vida e, não demora, começa a ser engolido pela rotina. Em outras palavras, você para de lutar.

- **Você se torna o efeito**

Como se cansa e deixa a vida te levar, também paga um preço caro por abdicar de ser o líder da sua vida e o criador da sua realidade. Consequentemente, será sugado para um campo de lamentações, críticas, falta de entusiasmo e perda da criatividade. Ser efeito é apenas reagir ao que a vida lhe mostra; ser causa é criar a sua realidade com base nos seus sonhos, nos seus desejos e na sua visão interna de mundo ideal. Quando você deixa de ser causa e passa a ser efeito, você deixa de dar a sua contribuição para melhorar o mundo e aceita que outras pessoas façam isso por você, mesmo que a visão delas sobre um mundo perfeito seja diferente da sua.

Nós poderíamos citar ao menos outras cem consequências, mas essas são as mais comuns. Entenda que é muito alto o preço de não viver a vida com foco em um propósito maior e, por assim dizer, organizar as suas prioridades com base neste propósito!

Para aprofundar, nós o convidamos a uma reflexão. Então, pergunte-se:

- Você está pagando o preço da dispersão mental ou a sua organização de prioridades está boa?

- Você conhece os seus talentos? E, se conhece, está explorando bem cada um deles para fazer a sua vida melhor?

- Você está satisfeito com a sua rotina, organização de tempo ou com as suas metas? Você tem metas?

Se você sentiu algum desconforto ao pensar na resposta para cada uma das questões, entenda que existe um conjunto de atitudes, técnicas e práticas que você precisa conhecer para mudar a sua realidade e experimentar o sabor maravilhoso de provar os seus maiores talentos. Aqui apresentaremos uma pequena amostra.

Antes de continuar lendo este conteúdo, perguntamos: Você realmente está comprometido para mudar essa realidade? Você quer mesmo renovar as suas perspectivas? Você quer realmente caminhar no sentido de uma vida de sucesso?

Comprometimento é a senha. Se você tem, então terá passe livre nas principais barreiras que impedem o crescimento da maioria das pessoas no mundo.

Se você está comprometido em mudar essa realidade, você vai se superar!

Agora encontre um momento de paz mental e concentração para começar a tarefa a seguir, pois ela o ajudará a mudar essa realidade.

Analise todas essas áreas da sua vida, dando uma nota de 0 a 10 a cada uma delas. Considere zero um baixo índice de satisfação que você tem em relação à área da sua vida e dez, um alto índice de satisfação.

RODA DA VIDA

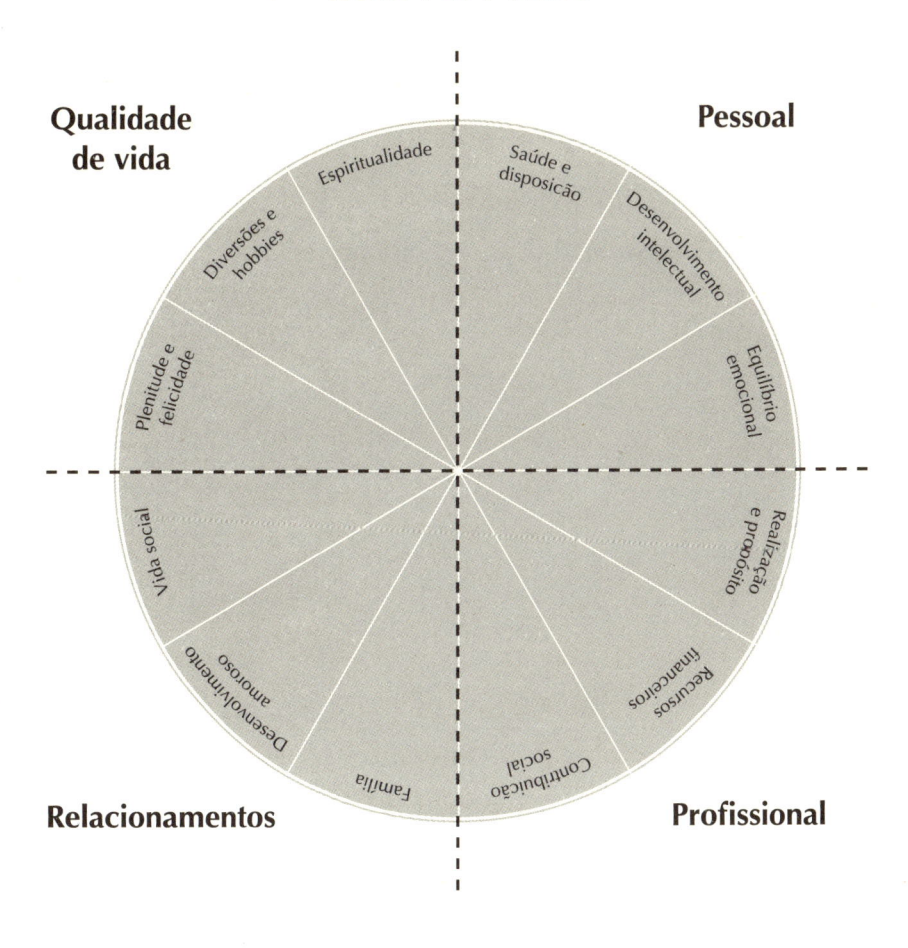

Qualidade de vida
- Espiritualidade
- Saúde e disposição
- Diversões e hobbies
- Plenitude e felicidade

Pessoal
- Desenvolvimento intelectual
- Equilíbrio emocional
- Realização e propósito

Relacionamentos
- Vida social
- Desenvolvimento amoroso
- Família

Profissional
- Contribuição social
- Recursos financeiros

1. Na área da qualidade de vida

Espiritualidade   Nota = _____

Diversão e *hobbies*   Nota = _____

Plenitude e felicidade   Nota = _____

2. Na área pessoal

Saúde e disposição   Nota = _____

Desenvolvimento intelectual   Nota = _____

Equilíbrio emocional   Nota = _____

3. Na área profissional

Realização e propósito   Nota = _____

Recursos financeiros   Nota = _____

Contribuição social   Nota = _____

4. Na área dos relacionamentos

Família   Nota = _____

Desenvolvimento amoroso   Nota = _____

Vida social   Nota = _____

Ações

Escolha, entre todas as áreas, as três que tiveram a pior nota.

- ✔ Crie uma meta, mesmo que pequena e simples, para que você comece agora, já, neste instante, a mudar esses aspectos negativos.

- ✔ Entenda que, quando você melhorar qualquer aspecto, os outros onze (do total dos doze citados) apresentarão consequências positivas, pois as áreas se conectam entre si.

- ✔ Avalie as principais tarefas da sua vida no momento e perceba quantas delas estão realmente relacionadas às áreas que você quer mudar.

- ✔ Escolha manter as principais atividades que você faz que mantêm ou aumentam a nota dos doze itens citados.

- ✔ Escolha excluir da sua rotina as atividades que você faz que não contribuem em nada para as doze áreas, dando prioridade especial àquelas que prejudicam as notas dos três itens que você escolheu como sendo as suas áreas mais frágeis.

- ✔ Mensalmente refaça a sua análise para cada vez ter mais resultados precisos. Com o tempo, você ficará com um nível de concentração e foco tão elevados que conseguirá conquistar novos níveis de sucesso com facilidade e notadamente desenvolverá seus mais belos talentos.

22. PRATIQUE O DESAPEGO E ABRA-SE PARA A LEI DO VÁCUO

Você só abrirá portas para o novo se souber se desapegar do velho, pois essa é uma lei natural que permite que o fluxo de acontecimentos surja na sua vida. Você precisa entender que nada que existe é permanentemente seu. Nem o seu corpo, nem os seus bens, nada. Nós estamos buscando um modo agradável e abençoado de viver, com abundância material, saúde e felicidade; contudo, não somos donos de nada, e, se você não compreender esse aspecto, além de não conquistar a genuína prosperidade, vai se tornar um escravo das suas conquistas, em todos os níveis.

Você pode não ter conseguido um novo trabalho simplesmente porque, por uma questão de medo, não conseguiu se desapegar do velho. Você pode não conseguir comprar roupas novas, um carro novo, uma casa nova porque não teve coragem de se desapegar dos bens mais antigos.

Se você não tiver coragem de experimentar novas opções de viver, jamais as viverá! Porque, quando você age assim, está dizendo ao universo que é escasso, que tem medo de não receber mais e, assim sendo, você está retendo. E, quando você retém, você fecha o circuito e não recebe nada mesmo.

Quanto mais medo você tiver de se desapegar de coisas, situações, pessoas e acontecimentos, mais bloqueará o seu fluxo de prosperidade. Contudo, se você começar a agir diferente, deixando ir as coisas, as pessoas, os trabalhos, os acontecimentos que viveram os seu ciclos de tempo, mais você magnetizará o fluxo da prosperidade.

Quanto mais medo você tiver de se desapegar de coisas, situações, pessoas e acontecimentos, mais bloqueará o seu fluxo de prosperidade.

———————

@brunojgimenes @pat.candido

Ponto de avaliação

Exercício 2: questionário para a prosperidade

Quando você começa a dar atenção aos elementos responsáveis por trazer o fluxo da prosperidade na sua vida, você imediatamente começa a reconhecer os tipos de pensamentos e sentimentos mais adequados. Esse é um trabalho baseado especificamente em reeducar as próprias crenças. Quando você reflete com sinceridade e honestidade sobre as suas motivações para prosperidade, naturalmente você desenvolve o magnetismo tão necessário para atrair esse fluxo. Então, aproveite e reconheça novos elementos na sua consciência que deverão se ajustar para você construir a sua prosperidade.

Instruções para fazer a tarefa

Analise as questões e responda sem raciocinar muito. Neste contexto, o que queremos é que você responda por impulso, pois assim você poderá captar padrões emocionais predominantes.

Esse exercício é de total importância. Faça-o por completo, pois essa tarefa é uma das etapas do método para eliminação de crenças contrárias à prosperidade. Mesmo que perguntas idênticas ou parecidas existam no decorrer do desenvolvimento das suas avaliações, tenha paciência em respondê-las, pois elas têm um propósito.

Ao final da tarefa, respire fundo, relaxe por alguns minutos, distraia-se com outras coisas e então retorne ao questionário. Leia, uma a uma, as suas respostas e, como se você fosse um professor de si mesmo, avalie o que pode melhorar. Você perceberá naturalmente quais respostas precisam ser melhoradas e quais estão satisfatórias para a construção do seu caminho de prosperidade.

Reflita:

1. Você quer realmente ser rico, ou mais rico, ou milionário?
2. Por qual motivo?
3. O que deseja fazer quando atingir esse patamar?
4. Como está a sua relação com o dinheiro?
5. Para você, por que tanta gente lida mal com o dinheiro?
6. Você vê algum problema em ser rico ou milionário?
7. O que você acha das pessoas ricas?

Complete as frases:

1. Se eu ficar rico, terei entre os principais benefícios...

_____

_____

_____

_____

2. Se eu ficar rico, terei entre os principais desafios ou desvantagens...

3. Eu acho que, para aumentar meu fluxo de dinheiro, preciso...

4. Poderei melhorar muito a minha prosperidade se eu fizer...

5. As principais crenças negativas que eu tenho sobre dinheiro são...

6. As novas crenças positivas que quero ter sobre dinheiro são...

7. As minhas três principais metas de prosperidade financeira são...

8. Eu me comprometo a desenvolver desde agora novas atitudes de prosperidade. Entre elas eu posso destacar...

FINAL

O perigo da programação inconsciente que leva ao sofrimento e à escassez

O ser humano é uma consciência pensante, composta por uma energia ampla e sutil, que está ligada com um campo de energia ainda mais amplo e mais sutil. Somos uma alma alimentada por uma Grande Alma. Somos uma manifestação do nosso Criador Maior, filhos dessa energia, criados à Sua imagem e semelhança.

Como muito pesquisadores e estudiosos já sabem, o nível consciente do nosso cérebro representa aproximadamente 5% do que somos realmente, das nossas forças, dos nossos sentimentos, das nossas possibilidades e potencialidades. Os outros 95% ficam reservados em uma esfera mais sutil da nossa consciência, contudo, permanecem em atividade. É aí que a explicação começa a fazer sentido.

Tudo que você recebe de informação – sejam as que você processa racionalmente ou aquelas que você não assimila – exerce influência no seu nível inconsciente. Em outras palavras, tudo fica armazenado como registros ou experiências de vida, os quais aparentemente se encontram em repouso.

O tempo vai passando, você vai se desenvolvendo com base nas suas experiências, nas suas crenças, nas suas conclusões, análises e julgamentos. Uma vez que você desenvolve esse conjunto de percepções, começa a atrair para sua vida situações que estejam em sintonia com tudo o que você pensa e sente. Em outras palavras, são as suas experiências, as suas crenças e o seu modo de pensar em geral que constroem a sua realidade.

Contudo, por mais que você esteja mergulhando profundamente na busca do autoconhecimento e, de forma consciente, esteja se dedicando a estudar, a fazer terapia e a se superar com todos os recursos que pode, você não terá sucesso pleno se não souber mudar suas crenças no seu nível inconsciente. Isso acontece porque o seu inconsciente revela o que é a sua matriz espiritual ou a essência da sua alma.

A sua mente consciente não conseguirá sucesso sozinha. Ela precisará que você viva integralmente as suas forças, o que quer dizer que você precisa ser um só, beneficiando-se de 100% do seu potencial. Se você estiver se dividindo entre duas forças, em que cada uma quer ir para direções distintas, então você não terá sucesso.

Para mudar tudo isso, você precisa mudar a forma de ver a vida, mudar a forma de agir, mudar a sua disciplina diária e, principalmente, adotar um novo nível de comprometimento, muito mais elevado do que você vem adotando hoje.

As programações que assimilamos inconscientemente podem revelar aspectos escondidos da nossa personalidade, em grande parte das experiências de vidas passadas, que são afloradas mediante situações da vida atual.

O que acontece, resumidamente falando, é que as inferioridades começam a brotar do inconsciente, deixando os comportamentos de uma pessoa cada vez mais agravados e sintonizados com os desequilíbrios comportamentais.

Podemos dizer que, enquanto a sua parte racional e lógica está prestando atenção em uma ou outra coisa, o seu inconsciente consegue assimilar tudo. Enquanto você assiste à notícia da criança que foi violentada na TV, ou do casal de velhinhos que foi enganado, da mulher que morreu por negligência médica ou do homem que teve a perna amputada após sofrer um acidente com um motorista alcoolizado, você acha racionalmente que são coisas da vida, e seu inconsciente dispersa mais lixo psíquico e emocional na sua personalidade. Ora porque ele já possui em seu histórico de muitas vidas acontecimentos de natureza semelhante, ora porque se contamina com tanta negatividade e passa a ser educado na visão de caos. Seja pelo motivo que for, a sua força interior, com amplitude imensurável, chamada espírito, começa a absorver informações que construirão uma sintonia específica nesse nível de dor e sofrimento.

Mesmo assim, você não entenderá isso, porque você tem mais facilidade para acompanhar as decisões e pensamentos do seu Eu racional. E, sem entender como a sua alma funciona, sem compreender como a sua essência espiritual age, você se torna negligente e começa a arcar com as consequências negativas. A vida vai passando, os anos vão passando e você, sem perceber, começa a não acreditar mais naquele projeto, passa a achar que aquele problema acontecerá a qualquer instante, que aquela situação pode dar errado, que aquela questão mal resolvida vai se complicar, e assim por diante.

Você não percebe, mas você se torna uma pessoa sutilmente mais negativa a cada ano que passa. Com o seu padrão de pensamentos negativos decaindo em qualidade, a sua energia pessoal, que forma a sua aura, passará a atrair situações cada vez mais declinadas, acompanhando igualmente o declínio da sua alegria, satisfação pela vida e fé no amanhã.

Quanto mais situações incômodas acontecem, mais você percebe que estava certo em reduzir a sua confiança e a sua satisfação, pois ainda se julga inteligente por perceber que estava certo em agir com essa preocupação, já que, como um grande visionário, estava prevendo com grande nível de assertividade os problemas que aconteceriam. É provável que você fique se gabando aos seus amigos e familiares, dizendo que tinha avisado que aquele problema aconteceria, que aquele acidente ocorreria ou que aquela crise era certa, mas ninguém o ouvia.

Infelizmente, se você não estiver a fim mesmo de fazer as mudanças que o caminho da prosperidade exige, é provável que você se ofenda com o que vamos afirmar. Se bem que, se você se ofender, você vai simplesmente validar a visão citada anteriormente – mesmo assim, é provável que você se sinta mal.

O fato é que você é o único responsável por todos os conflitos, crises e acontecimentos negativos que andam surgindo na sua vida e que têm levado lá para baixo o seu nível de plenitude e satisfação pela vida. Você simplesmente abrigou, na intimidade do seu espírito, que é o seu próprio inconsciente, toda a chuva de informações que você recebeu na *informosfera* ou *noticiosfera* da Terra. Pouco a pouco, ano após ano, você sucumbiu ao lixo psíquico que nos envolve e que é perfeitamente adaptado para nos tornar tolos, frágeis emocionalmente, infelizes, doentes e escassos.

Certamente você deve achar que estamos exagerando, certo? Então vamos explicar bem como isso tudo acontece.

Somos seres emocionais. Essa natureza emocional nos domina, nos governa e dita as principais ações da nossa vida. Quando somos alvejados com as mais diversas informações que somente alimentam as emoções negativas, em vez de evoluirmos naquilo que a nossa alma precisa curar, acabamos por nos tornar mais intoxicados e, por consequência, mais doentes da alma. Se a sua alma está doente, então todos os outros níveis da sua existência fenecerão. Você precisa descobrir o que veio curar na vida. São muitos aspectos da sua consciência; contudo, entre tantos, existem alguns que estão manipulando negativamente a sua vida.

Descubra o que você veio curar nesta existência

Não é uma tarefa fácil descobrir exatamente o que viemos curar nesta vida. Quando nos referimos a curar, queremos dizer que todos nós, entre diversas tarefas que temos, possuímos uma missão mais específica para realizar em uma experiência de vida, que é a cura das nossas emoções inferiores.

Cada ser experimenta, em sua jornada de vida, acontecimentos que estejam sintonizados na mesma natureza das emoções e dos pensamentos predominantes. Em suma, essas emoções são de duas naturezas: positivas e negativas.

Dentro das emoções positivas, temos a alegria, a satisfação, a motivação, a iniciativa, a coragem, o ânimo, entre outras. Nas negativas, temos a raiva, o medo, a frustração, a ansiedade, a angústia, o desespero, entre outras.

Cada ser humano é único em sua consciência e sua personalidade. A personalidade não é do corpo, mas da alma. Isso quer dizer que nosso temperamento nos acompanha mesmo depois da morte, ou também antes de nascer. Além disso, com o passar dos anos, em uma experiência física, vamos crescendo, vamos nos tornando adultos e assim vamos nos impregnando com nossas crenças pessoais a respeito do mundo e das coisas que nos acontecem.

Como consequência dos fatos, seguimos reagindo emocionalmente a tudo o que encontramos pela frente: amigos, relacionamentos, trabalho, família e diversão, porque todas as atitudes que tomamos em nossas vidas, realmente todas, são para que tenhamos emoções mais controladas ou mais satisfatórias (esse é um fluxo natural de evolução humana). Mesmo que não percebamos, tudo o que fazemos é influenciado pela forma como nos sentimos em termos emocionais acerca de absolutamente tudo. Dessa forma, se uma pessoa tem fobia do trânsito, todos os seus atos e planejamentos de vida serão no sentido de se afastar de situações que envolvam trânsito de automóveis e congestionamentos. Se uma pessoa tem medo da solidão, todos os seus atos e planejamentos de vida serão no sentido de afastá-la de situações que envolvam a solidão. Entretanto, a pergunta essencial que precisa ser feita é:

Será que a melhor oportunidade na vida de uma pessoa que tem fobia ao trânsito estaria na cidade de São Paulo?

E se essa oportunidade – a qual faria a vida dessa pessoa se iluminar – estivesse realmente nessa cidade movimentada?

Por causa de sua fobia, ela perderia essa oportunidade? Ela perderia a chance de ser feliz inteiramente e de se realizar em diversos aspectos de sua vida?

E, no segundo caso, suponhamos que a pessoa necessitasse morar sozinha, por exemplo, no exterior, onde não conhecesse ninguém. Nessa situação, seria revelada uma incrível oportunidade de expansão de vida em todos os aspectos. O que faria a pessoa que sofre com a solidão?

Será que ela aceitaria esse desafio ou desistiria sem mesmo pensar a respeito?

Quando você lê esses argumentos, cremos que pode analisar em quais situações você não conseguiria nem pensar em enfrentar, em razão de medos, inseguranças e outras inferioridades.

É esse mesmo o objetivo dessa reflexão. Que você possa fazer uma análise sincera, para perceber se está ou não desperdiçando a chance de ser feliz. Nesses medos estão reveladas as principais emoções que viemos curar, portanto, atenção!

Não estamos ignorando as emoções negativas que por muitas vezes nos paralisam ao ponto de não nos permitir agir. Apenas estamos alertando que enxergamos o mundo pela lente de nossas emoções inferiores, portanto, elas contaminam a nossa vida.

Então, se elas contaminam a nossa existência, para sermos mais felizes, precisamos compreender quais são as mais tóxicas, para, em seguida, passarmos a tratá-las com a atenção necessária. Em outras palavras, uma vez que você começar a entender as principais emoções negativas que veio curar, você deve construir uma proposta pessoal de cura e autoconhecimento.

O que você precisa curar? Ou melhor, quais emoções você precisa curar?

É o medo da solidão? É a necessidade de ser aceito e de ter reconhecimento? Veio curar o sentimento de abandono? Veio curar o sentimento de rejeição? Veio curar a ansiedade? O medo da perda? A dependência emocional? A falta de paciência? A irritação?

Procure descobrir o que você veio curar nesta vida, para, em seguida, perceber que todas as atitudes que você tem são tomadas no sentido de mantê-lo o mais longe possível das emoções que você ainda precisa lapidar. Com essa nova ótica e com essa consciência, aos poucos você começará a se alinhar cada vez mais no sentido da missão da sua alma e, por sua vez, se encontrará mais facilmente com a prosperidade.

Como você é programado para o insucesso e para a escassez

Ligue a televisão por uma hora e pronto: você receberá uma chuva de vibrações que alimentam as piores emoções da sua alma. Contudo, o que você talvez não saiba é que roteiristas, produtores e responsáveis pelas programações sabem exatamente o que estão fazendo. Eles estão buscando conscientemente se comunicar com você de forma que você permaneça fiel à audiência.

A situação funciona exatamente manipulando, nutrindo e aflorando as suas emoções, pois de tudo que você vê na programação aberta da mídia de massa, tudo que você ouve ou lê, 95% estão impregnados de mensagens subliminares para você sentir emoções negativas.

Qualquer filme de Hollywood, qualquer novela, qualquer noticiário, *reality show* e muitos livros que estão estourando entre os mais vendidos só conseguiram alcançar esse patamar de audiência porque estão propositalmente atiçando e alimentando as suas emoções inferiores. Além disso, estão programando, no seu inconsciente, crenças limitantes.

Em qualquer novela a que você assista, verá, no mínimo, um personagem que é pobre, simples, trabalhador, dá um duro danado, vive uma vida escassa e sofre muito. Via de regra, esse personagem é bom, honesto, ajuda as pessoas. Na mesma novela você verá aquela família rica, que tem dinheiro de sobra para fazer viagens ao exterior na mesma proporção em que se vai à padaria da esquina e que toma café da manhã em uma mesa igual à de um castelo, servida por mais de dois mordomos. Curiosamente, essa família está envolvida em trapaças, ambições desmedidas e ganâncias. Por todo o período da novela você será alvejado com a informação subliminar, que será prontamente aceita pelo seu inconsciente, de que os ricos são desonestos, mas que os pobres, sofredores, batalhadores, que vivem na escassez, são reconhecidos como boas pessoas.

Você vai assistir a um filme que está fazendo muito sucesso no cinema. Depois que a sessão acaba, você entende o motivo por que o filme o envolveu emocionalmente do início ao fim. Houve injustiças entre irmãos, revanchismos, vinganças e perdas emocionais. No final, porém, depois de muita gente morrer, de aquela criança indefesa ser sequestrada, ou de aquela família pobre ser duramente submetida ao sofrimento, ou de a pessoa amada preferir ficar com o amigo rico, tudo acaba bem.

As emoções de um roteiro são organizadas em detalhes para gerar engajamento do espectador. É por isso que ultimamente podemos ver roteiros tão parecidos, embora as histórias sejam diferentes. Você pode até dizer que isso é exagero, pois, se for pensar assim, fica impossível viver.

No entanto, afirmamos: mesmo que as pessoas não percebam, já é praticamente impossível viver, exatamente por causa da avalanche de mensagens subliminares negativas a que estamos submetidos, porque elas estão programando o nosso inconsciente para o sofrimento e para a escassez.

Mesmo sem que você perceba, aos poucos, à medida que os anos vão passando, você passará a copiar inconscientemente o mesmo modelo dos filmes, das novelas, dos livros de romance mais vendidos. Com isso, você passará a atrair para sua vida uma cópia muito aproximada das situações que foram pulverizadas da *informosfera* ou *noticiosfera*.

Você até poderá ser feliz com alguém, mas terá de sofrer muito antes.

Você até pode alcançar o ápice do sucesso e da prosperidade, mas terá de sofrer muito, perder tudo ou ficar doente antes.

Para você viver a honra da sua família, você terá de abrir mão da sua felicidade.

Você deve viver o seu propósito, o qual é muito especial, mesmo que para isso você se prive das suas felicidades e que ceda a mulher dos seus sonhos para um magnata cruel e sem coração.

Você deve ser pobre e escasso, porque só assim você será realmente honesto.

Você sofrerá todos os tipos de injustiças, porque essas situações forjam a evolução humana, e então você terá uma causa a que se entregar, porque se tornou a pessoa mais injustiçada do mundo.

É isso tudo que 95% da mídia está metralhando na sua consciência, e é por isso também que conquistar a verdadeira prosperidade é para poucos. Simplesmente porque poucos têm a disciplina para deixar de assistir, ler ou ouvir uma programação tão contaminada. Poucos têm o desapego necessário para aprender a não ceder às manipulações emocionais de amigos, familiares e pessoas do ciclo pessoal. Muitas pessoas estão muito mais interessadas em ser aceitas, amadas e elogiadas, para assim se sentirem mais importantes, só que elas não percebem que essas atitudes estão drenando o seu magnetismo de prosperidade.

Não alimente uma conversa que só fala de desgraças, dores, doenças, medos, injustiças, tristezas e violência. Contudo, é provável que você não consiga suportar a mudança de comportamento e continue agindo da mesma forma e, por consequência, atraindo as mesmas situações de vida.

Não alimente a vitimização de outra pessoa. Você conhece a lei da atração, você sabe o que significa o sofrimento humano e para que ele serve. Você não pode alimentar a miséria alheia, mas poderá ajudar a pessoa a se ajudar. Para isso, seja o exemplo, ajude-a com a consciência dos fatos.

Exclua definitivamente a possibilidade de culpar, qualquer que seja a pessoa, por situações negativas que estejam ocorrendo. Em vez disso, questione-se sempre: o que em mim atraiu essa situação? Quais tipos de pensamentos e emoções equivocadas estão atraindo esses problemas?

Reflita sempre sobre a sua responsabilidade e sobre o seu comprometimento em fazer a sua parte de um jeito novo e positivo. Todavia, é provável que você não consiga suportar a mudança de comportamento e continue agindo da mesma forma e, por consequência, atraindo as mesmas situações de vida.

É provável também que você ache que é impossível selecionar tanto o que se vê na TV, no cinema, o que se ouve no rádio ou que se lê nos jornais, nos livros e na internet. É por isso que afirmamos novamente: a prosperidade encontrará apenas aqueles que realmente se alinham com ela. Então, pare de assistir aos noticiários, desligue a TV, escolha um livro bom e mergulhe nele. Não tolere mais que as reuniões feitas na sua casa sejam envolvidas apenas de lamentações e dores. Se você não é o responsável pela casa, mude-se dela, separe-se da pessoa com quem não tem afinidade, mande o seu filho de 30 anos ir morar em outra casa, ele precisa construir sua própria vida. Estabeleça uma mudança profunda de assuntos de interesses.

Infelizmente, as religiões e suas igrejas também aprenderam a fazer a mesma coisa com você. Elas dizem que você precisa de um salvador e, com isso, acabam decretando que você não tem a mínima chance de se dar bem por conta própria. O pior é que você acredita.

Elas dizem que, para ir ao céu, você não pode pensar em dinheiro, mas ao mesmo tempo diz que você deve dar um duro danado, trabalhando muito, mesmo que para isso você faça o que não gosta de fazer e se torne infeliz e até doente.

Elas fazem você sentir culpa pela prosperidade e responsável pela miséria no mundo, pelas crianças que morrem de fome e por todos os mendigos de rua. Elas têm uma programação elaborada de maneira tão negativa que podem destruir a sua força de vontade de ter prosperidade em alguns minutos, afinal, não é justo querer aquela casa de dez quartos e aquela viagem especial, com tanta gente miserável no mundo, não é mesmo?

E por que você se sente mal com esse tipo de situação? Porque elas justamente abalam as suas emoções negativas e, por consequência, o manipulam.

Faça o bem, pratique a caridade, o dízimo, mas entenda que, como já foi falado anteriormente, você jamais pode tirar o sofrimento de alguém, apenas ajudar a pessoa a entender e transmutar com mais facilidade. É por isso que toda a riqueza do mundo está concentrada na mão de não mais que 5% das pessoas que aqui vivem. Porque, para saber lidar com milhões, uma pessoa precisa ter uma mentalidade e um hábito de um padrão milionário.

Sabe o que aconteceria se os ricos do mundo doassem todo o seu dinheiro para equalizar o problema da miséria e da escassez?

Em menos de um ano os ricos voltariam a ter a sua fortuna de volta e os pobres voltariam a ser pobres. E tudo isso ocorre porque existem leis naturais que regem esse processo, e essas leis estão atreladas ao comportamento das pessoas. Portanto, se as atitudes forem as mesmas, os resultados também serão os mesmos. Temos leis naturais que agem sempre da mesma forma, reagindo sempre da mesma maneira e fazendo com que a harmonia no processo evolutivo da humanidade aconteça sempre da melhor maneira. Você não pode mudar essa lógica, você não pode mudar essas leis, você não pode competir com Deus, mas você pode se aliar a Ele e às Suas leis naturais e, dessa forma, experimentará a verdadeira prosperidade, que é um estado de espírito específico.

O caminho da prosperidade é o caminho da verdade da sua alma, e isso é o mais curioso, pois, quanto mais você se descobre em essência, quanto mais você conhece o seu espírito, maiores são as chances de você atrair a prosperidade e, por consequência, você aprenderá a desfazer a programação instalada no seu inconsciente para torná-lo doente, fraco, escasso e infeliz.

Como reverter a programação negativa

Além de reverter a programação negativa, você precisará fazer uma nova programação com o objetivo da conquista do sucesso. E foi isso que este livro lhe ofereceu: maneiras de construir uma nova consciência, que lhe ofereça uma nova vibração e, por consequência, propicie a você um encontro com a prosperidade.

O fato mais marcante desse processo é que a programação negativa da *informosfera* ou *noticiosfera* está ativa 24 horas por dia, sete dias por semana, todos os meses e todos os anos. Por isso, a questão mais relevante nesse processo não consiste em somente você começar a aplicar tudo o que aprendeu neste material, mas, sim, o quanto você aplicará e por quanto tempo.

Crie uma rotina diária. Ao acordar, leia mensagens de amor e otimismo. Durante o dia, conte piadas, dê preferência aos bons assuntos. Escolha com quem vai se sentar à mesa do almoço, mantenha a sintonia no positivismo e não abra a guarda para as interferências carregadas de mensagens subliminares de escassez e sofrimento.

Faça meditações diariamente. Essa prática não pode ser esporádica, tem de ser regular. Por meio da meditação, você alcançará calma e clareza mental para fazer a prosperidade acontecer. Contudo, não se assuste com a palavra meditação, pois ela existe em vários níveis e você não precisa se tornar um expert no assunto para uso pessoal; apenas o básico já fará a diferença.

Medite logo após o almoço, ou no intervalo entre uma atividade importante e outra. As suas meditações podem ter de 5 a 10 minutos e, à medida que você for aprendendo mais sobre a prática e for se familiarizando com outros métodos, você vai sentir resultados melhores ainda, contudo, o simples já lhe será muito benéfico.

Uma receita simples que usamos é a seguinte:

Procure um lugar em que você tenha certeza de que não será interrompido. Acomode-se sentado em uma cadeira, com a postura correta, bem apoiada e confortável. Feche os olhos, respire fundo e eleve o seu pensamento a Deus, aos seres de luz em que você acredita e confia ou simplesmente alguma coisa que gere mais fé e proteção. Peça luz, paz e proteção para realizar a sua prática e agradeça por isso.

Então, comece uma contagem simples de vinte a um. Cada número deve ser falado pausadamente, seguido de uma respiração profunda, lenta e suave ao mesmo tempo. Se, a cada número, pensamentos impróprios surgirem na sua mente, então entenda o pensamento, mas, em seguida, despeça-se pacientemente dele, continuando a sua contagem. Ao final da contagem, você sentirá um estado mental perfeito em que você acessa diretamente o seu inconsciente.

Quando atingir esse estado, mantenha-se relaxado, com os olhos fechados, e então vá para o passo a seguir:

- Faça afirmações positivas de gratidão.
- Faça afirmações positivas relacionadas aos seus principais objetivos.
- Faça visualizações das suas principais metas.

Na parte 1

Agradeça a vida, a sua existência, as coisas boas que tem, a este momento de meditação. Como você estará em um estado especial, a sua alma reagirá com muita força positiva a esses estímulos de gratidão.

Na parte 2

Faça afirmações positivas que sejam contrárias aos seus problemas atuais, por exemplo: se você está com dificuldades financeiras, pode dizer "obrigado pela abundância que eu estou atraindo nesse momento"; se você está em crise nos relacionamentos, você pode dizer: "obrigado por toda a paciência e serenidade que eu crio nesse momento".

Tenha o costume de escrever essas afirmações positivas e decorá-las para que sejam ditas enquanto estiver envolvido na serenidade que a prática lhe trará. Todavia, não abra os olhos para ler, procure decorá-las.

Na parte 3

Crie o filme da sua vida próspera. Imagine como será cada área da sua vida em que você quer conquistar prosperidade e como serão os resultados. Os bens que você conquistará, as viagens que fará, as pessoas com quem se relacionará, o estado saudável e animado do seu corpo, o seu sorriso sempre vibrante, o seu trabalho e as suas alegrias.

Podemos garantir que é uma prática que faz toda a diferença na sua vida. Crie o hábito e você criará a sua nova realidade próspera.

Você tem todas as ferramentas para fazer a mudança e agora sabe que só depende de você, da sua disciplina e do seu nível de comprometimento, então mãos à obra.

Uma coisa podemos afirmar, com toda a certeza: quando você se encontrar com a prosperidade, certamente vai ficar se perguntando: "Por que eu não fiz isso tudo antes se é tão bom?".

Desejamos o melhor para você e esperamos que você também deseje, porque, se assim for feito, você conquistará a vida dos seus sonhos e viverá em total conexão com a prosperidade.

Muita luz e até a próxima,
Bruno Gimenes e Patrícia Cândido

Se gostou dessa leitura e quer conhecer mais livros do Bruno Gimenes, acesse o QR Code a seguir:

Se gostou dessa leitura e quer conhecer mais livros da Patrícia Cândido, acesse o QR Code a seguir:

Transformação pessoal, crescimento contínuo, aprendizado com equilíbrio e consciência elevada. Essas palavras fazem sentido para você? Se você busca a sua evolução espiritual, acesse os nossos sites e redes sociais:

Leia Luz – o canal da Luz da Serra Editora no YouTube:

Luz da Serra Editora no **Instagram**:

Luz da Serra Editora no **Facebook**:

Conheça também nosso **Selo MAP - Mentes de Alta Performance**:

No **Instagram**:

No **Facebook**:

Conheça todos os nossos livros acessando nossa **loja virtual**:

Conheça os sites das outras empresas do Grupo Luz da Serra:

luzdaserra.com.br

iniciados.com.br

luzdaserra

Luz da Serra® EDITORA

Avenida Quinze de Novembro, 785 – Centro
Nova Petrópolis / RS – CEP 95150-000
Fone: (54) 3281-4399 / (54) 99113-7657
E-mail: loja@luzdaserra.com.br